# 教科書ガイド

## 三省堂 版

ビスタ
English
Communication II

T E X T

B O O K

G U I D E

文研出版

# はじめに

　この本は、教科書『VISTA English Communication Ⅱ』を学ぶみなさんのための、基礎的な手引き書として編集しました。予習・復習に役立ててください。

## この本のおもな構成

**テキストを読んでみよう**
各LESSONの本文をまとまりごとに掲載しました。発音のカナ表記、イントネーションの上がり下がり、強く読むところ、息つぎの箇所などの印が、必要に応じて記されています。まず、繰り返し声に出して読んでみましょう。

**語句・文の研究**
本文中の語句と文を解説しています。語句には発音記号、意味、用例などがついていますので、語彙力のアップに役立ててください。また、文の構造を詳しく説明していますので、本文中に理解できない文がある場合はここで確認してください。文の日本語訳は、なるべく直訳にしています。

**和訳**
本文と対応する日本語訳です。日本語として自然な訳例になっています。

**CHECK! 確認しよう**
本文の内容が理解できているかどうかを確認します。答えの根拠となる本文中の参照箇所を示していますので、参考にしてください。

**TALK! 話してみよう**
本文に関連したテーマで発話の練習をします。与えられた語句の日本語訳も参考にしましょう。

**STUDY IT! ことばのしくみを学ぼう**
英語のしくみに関する解説です。じっくり読んで、英文の構造を正確に把握してください。また、**DRILL** に挑戦して、学習内容が理解できているか確認してください。

**SUM UP! 要約しよう**
本文の要約問題です。答えの根拠となる本文中の参照箇所を示しています。空所を含む１文全体と選択語句の日本語訳も参考にしましょう。

**PRACTICE! 練習しよう**
ことばのしくみに関連した練習問題が用意されています。目と耳、耳と口で、学習した内容を自分のものにしてください。

**|||| CHALLENGE YOURSELF! ||||**
英語でコミュニケーションをとるためのさまざまなアクティビティが用意されていますので、楽しんで挑戦してください。

**READ ON!**
各LESSONの本文を読んだあとで、トピックに関連する英文をさらに読み込むコーナーです。本文の解説や和訳を参考にして、理解を深めましょう。

# Contents 目次

ENJOY READING! 1
Adapted from Saki, "The Open Window"

ENJOY READING! 3
『ぼくのしょうらいのゆめ』野口聡一（プチグラパブリッシング、2006年）

ENJOY READING! 4
『注文の多い料理店』宮沢賢治

# World Dance Performances

ワールド ダンス パフォーマンスィズ 第1課 世界のダンスパフォーマンス

世界の各地域には、さまざまな伝統舞踊があります。その中からいくつかを取り上げ、その由来やパフォーマンスに込められた思いなどを紹介します。

## テキストを読んでみよう① 教科書p.8

There are many traditional dance performances around the world.↘//
パフォーマンス

Do you know the *Guelaguetza* festival in Mexico? ↗// You can
ゲラゲッツア
see local dance performances at this event.↘// *Guelaguetza* means
"gift."↘// Originally, people danced and prayed for a good harvest.↘
オリヂナリ ハーヴェスト
// Today, the performance with dancers holding pineapples is the
most famous.↘// After the dance, they throw the pineapples to the
spectators!↘// They want everyone to share their harvest.↘//
スペクテイタズ

## 語句・文の研究

**There are many traditional dance performances around the world.**
**「世界中に、たくさんの伝統的なダンスパフォーマンスがあります」**

performance [pərfɔ́:rməns パフォーマンス] 图 「演技、パフォーマンス」(ここでは踊りのこと)

performanceは踊りだけでなく、楽器の演奏や歌など、文脈によって観客や聴衆に披露するさまざまなものを指す。

around the world 「世界中に [で]」

**Do you know the *Guelaguetza* festival in Mexico?**
**「あなたはメキシコのゲラゲッツア祭りを知っていますか」**

*Guelaguetza* [geləgétsə ゲラゲッツア] 图 「ゲラゲッツア」

the *Guelaguetza* festival「ゲラゲッツア祭り」
メキシコのオアハカ州で開催される祭り。州内の各地から選ばれたグループが伝統的な衣装を着て踊る。
Mexico「メキシコ」（北アメリカ南部の連邦共和国）

## You can see local dance performances at this event.
## 「この行事では地元のダンスパフォーマンスを見ることができます」
- local「地域の、その地方の」
- at this event「この行事で」 ここでは、直前の文の the *Guelaguetza* festival「ゲラゲッツア祭り」を指している。

## Originally, people danced and prayed for a good harvest.
## 「もともと、人々は豊作を祈って踊りました」
originally [ərídʒənəli オリヂナリ] 副「もともと」
harvest [háːrvəst ハーヴェスト] 名「収穫、収穫物」
pray for ～「～を求めて祈る」
- origin「起源」-original「最初の、独創的な」-originality「独創性」
- a good harvest「豊作」

## Today, the performance with dancers holding pineapples is the most famous.
## 「今日では、踊り手がパイナップルを持つパフォーマンスが最も有名です」
the performance with dancers holding pineapples「踊り手がパイナップルを持って踊るパフォーマンス」
　the performance with dancers holding pineapples が文の主語となっている。dancers の後ろに現在分詞が続き、dancers を説明している。
- most famous は famous の最上級。

## After the dance, they throw the pineapples to the spectators!
## 「その踊りのあと、彼らは観客にパイナップルを投げるのです！」
spectator [spéktèitər スペクテイタ] 名「観客」
- throw ～ to ... で「～を…に投げる」という意味。ここでは the pineapples（パイナップル）を the spectators（観客）に投げるということ。
- -tor で終わる名詞は「～する人」という意味を表す語が多い。
例 actor「俳優」、editor「編集者」、instructor「指導者」

## They want everyone to share their harvest.
## 「彼らはみんなに収穫物を分かち合ってほしいと思っています」

- share「〜を共有する」
- want everyone to share 〜 は〈want + 名詞 + to do ...〉「〜に…して ほしいと思う」の形になっていて、文の主語である they（彼ら）が everyone（みんな）に share their harvest（収穫物を共有する）してほし いという構造。ここでの they はゲラゲッツア祭りの踊り手たちのこと。

世界中に、たくさんの伝統的なダンスパフォーマンスがあります。
　あなたは、メキシコのゲラゲッツア祭りを知っていますか。この行事では 地元のダンスパフォーマンスを見ることができます。ゲラゲッツアは「贈り物」 を意味します。もともと、人々は豊作を祈って踊りました。今日では、踊り 手がパイナップルを持つパフォーマンスが最も有名です。その踊りのあと、 彼らは観客にパイナップルを投げるのです！　彼らはみんなに収穫物を分か ち合ってほしいと思っています。

## CHECK!　確認しよう

❶「ゲラゲッツアは英語で『festival』を意味しますか」
教科書 p.8 の5行目参照。*Guelaguetza* means "gift." とある。

❷「踊り手は観客に何を投げますか」
教科書 p.8 の8〜9行目参照。they throw the pineapples to the spectators と ある。

## TALK!　話してみよう

❶「はい、したいです／いいえ、したくありません」
マイクの質問は「あなたもそこで踊りたいですか」。Yes または No で答える問題。

❷❸「なぜなら❸ 音楽に合わせて踊ること／自分の気持ちを共有すること／他 の人の前でパフォーマンスすること ❷（が私は好きだ／が私は好きではない） からです」
マイクの質問は「なぜですか」。メキシコのゲラゲッツア祭りで踊ってみたい 理由、または踊ってみたくない理由を答える。

**STUDY IT!**　ことばのしくみを学ぼう

### 「〜に…してほしいと思う」を表す言い方 — want ＋名詞＋ to do ...
〈動詞＋目的語＋ to 不定詞〉

▶ 〈want ＋名詞＋ to do ...〉

　〈want ＋名詞＋ to do ...〉で「〜に…してほしい」という意味を表す。「〜」の部分には人を表す (代) 名詞がくることが多い。「…してほしい」と思っている主体は文の主語なので注意する。

　I **want** John **to come** to the party.　(私はジョンにパーティーに来てほしいです)

　　(私は) ジョンにパーティーに来てほしい

▶ 〈tell ＋名詞＋ to do ...〉

　〈tell ＋名詞＋ to do ...〉で「〜に…するように言う」という意味を表す。人に命令するニュアンスになる。

　My mother **told** me **to clean** my room.

　　　　　　　　　　　　　　　(私の母は私に部屋を掃除するように言いました)

　　(私の母は) 私に部屋を掃除するように言った

▶ 〈ask ＋名詞＋ to do ...〉

　〈ask ＋名詞＋ to do ...〉で「〜に…するように頼む」という意味を表す。

　Jean **asked** her brother **to bring** her umbrella.

　　　　　　　　　　　　　　　(ジーンは弟に傘を持ってくるように頼みました)

　　(ジーンは) 弟に傘を持ってくるように頼んだ

▶ 〈advise ＋名詞＋ to do ...〉

　〈advise ＋名詞＋ to do ...〉で「〜に…するように助言する」という意味を表す。

　Ms. White **advised** Kent **to read** Japanese books.　(ホワイト先生

　　　　　　　　　　　　　　　　はケントに日本語の本を読むように助言しました)

　　(ホワイト先生は) ケントに日本語の本を読むように助言した

**DRILL**

❶「私はあなたに…してほしい」「私たちに加わってください」
- 〈want + 名詞 + to do ...〉「～に…してほしい」の文にする。

❷「私の叔父は私に助言しました」「もっと懸命に勉強しなさい」
- 〈advise + 名詞 + to do ...〉「～に…するように助言する」の文にする。

❸「ケンは私に頼みました」「宿題を手伝ってください」
- 〈ask + 名詞 + to do ...〉「～に…するように頼む」の文にする。

---

## テキストを読んでみよう②　　　　　　　　　　　　教科書p.10

New Zealand has a traditional performance called *haka*. ↘// It's a
**ハーカ**

ceremonial display of strength and unity of the Māori people. ↘// Do
**セレモウニアル**　　　　　**ストレング(ク)ス**　**ユーニティ**　　**マウリ**

you know how to perform it? ↗// The dancers stamp their feet and
**パフォーム**

pound their chests as they chant. ↘// The New Zealand national
**パウンド**　　　　　　　　　　**チャント**

rugby team performs a *haka* before every game. ↘// It's powerful
**パウアフル**

and worth watching. ↘//
**ワース**

In the past, the performance motivated Māori warriors to fight. ↘//
**モウティヴェイティド**　　　　**ウォーリアズ**

Today, it encourages everyone! ↘//
**インカーリヂズ**

### 語句・文の研究

**New Zealand has a traditional performance called *haka*.**
**「ニュージーランドにはハカと呼ばれる伝統的なパフォーマンスがあります」**

New Zealand「ニュージーランド」(オーストラリア南東に位置する島国)
*haka* [háːkə ハーカ] 图 「ハカ」(ニュージーランドの先住民マオリのパフォーマンス)

- a traditional performance called *haka*（ハカと呼ばれる伝統的なパフォーマンス）は、a traditional performanceを過去分詞called ～が後ろから説明している形。

## It's a ceremonial display of strength and unity of the Māori people.
**「それはマオリの人々の強さと結束の儀礼的な表現です」**

ceremonial [sèrəmóuniəl セレ**モ**ウニアル] 形「儀式的な」

ceremonial display「儀礼的な表現」

strength [stréŋkθ スト**レ**ング（ク）ス] 名「力、強さ」

unity [júːnəti **ユ**ーニティ] 名「団結、結束」

Māori [máuri **マ**ウリ] 形「マオリ人 (の)、マオリ語 (の)」

the Māori people「マオリの人々」

　ニュージーランドの先住民族で、現在でもニュージーランドの人口の約17％を占める。伝統的なパフォーマンスである「ハカ」はラグビーのナショナルゲームで有名である。

## Do you know how to perform it?
**「あなたはそれをどのようにするか知っていますか」**

perform [pərfɔ́ːrm パ**フォ**ーム] 動「〜を演じる、〜を行う、〜をする」

● how to 〜（どのように〜するか）がknowの目的語になっている。toの後ろには動詞の原形を置く。

● ここでのitは直前までで述べられている *haka* を指す。

## The dancers stamp their feet and pound their chests as they chant.
**「踊り手たちはくり返して叫びながら自分たちの足を踏み鳴らして胸をたたきます」**

pound [páund パウンド] 動「〜をどんどんたたく」

chant [tʃǽnt **チャ**ント] 動「詠唱する、くり返して叫ぶ」

as 〜「〜しながら、〜すると同時に」

● stampは「(足)を踏み鳴らす」という意味。feetはfootの複数形。

● chest「胸、胸部」

● as 〜で同時に行っている状況を表す。このasは接続詞なので、後ろに〈主語＋動詞〜〉が続く。

## The New Zealand national rugby team performs a *haka* before every game.
**「ニュージーランドのナショナルラグビーチームは毎試合の前にハカをします」**

● ここでのbeforeは前置詞なので、後ろには名詞 (句) every gameが続いている。

## It's powerful and worth watching.
## 「それは力強くて見る価値があります」

powerful [páuərfəl パウアフル] 形「力の強い、勢力のある」

worth [wə́:rθ ワース] 形「～の価値がある」

worth ～ing「～する価値がある」

● 主語itは前文のa *haka*を指す。

● worth ～ingは「（文の主語が）～する価値がある」という意味なので、ここではニュージーランドのナショナルラグビーチームが毎試合前に行うハカが見る価値があると述べている。


## In the past, the performance motivated Māori warriors to fight.
## 「昔は、そのパフォーマンスはマオリの戦士たちに戦う動機を与えていました」

in the past「昔は」

motivate [móutəvèit モウティヴェイト] 動「～を動機づけする」

warrior [wɔ́:riər ウォーリア] 名「兵士、戦士」

● pastは「過去、昔」という意味。対義語はfuture（未来）。

● motivate ～ to do ...で「～に…する動機を与える」という意味。ここではthe performance（そのパフォーマンス）がMāori warriors（マオリの戦士たち）にfight（戦う）動機を与えたということ。


## Today, it encourages everyone!
## 「今日では、それはみんなを勇気づけています！」

encourage [inkə́:ridʒ インカーリヂ] 動「～を勇気づける」

和訳

> ニュージーランドにはハカと呼ばれる伝統的なパフォーマンスがあります。それはマオリの人々の強さと結束の儀礼的な表現です。あなたはそれをどのようにするか知っていますか。踊り手たちはくり返して叫びながら自分たちの足を踏み鳴らして胸をたたきます。ニュージーランドのナショナルラグビーチームは毎試合の前にハカをします。それは力強くて見る価値があります。
>
> 昔は、そのパフォーマンスはマオリの戦士たちに戦う動機を与えていました。今日では、それはみんなを勇気づけています！

## CHECK! 確認しよう

❶ 「ハカを行う人は彼らが歌うときに足を使いますか」

教科書p.10の4〜5行目参照。The dancers stamp their feet and pound their chests as they chant. とある。

❷ 「ニュージーランドのナショナルラグビーチームはいつハカをしますか」

教科書p.10の6〜7行目参照。The New Zealand national rugby team performs a *haka* before every game. とある。

## TALK! 話してみよう

❶ 「はい、あります／いいえ、でも見たいです」

マイクの質問は「あなたはこれまでにハカを見たことがありますか」。Yes または No で答える問題。

❷ 「それはとても 勇気を出させる／精力的である／力強い／伝統的である に違いありません」

直前でマイクは「ニュージーランドのラグビー選手はいつも彼らの試合の前にハカをします」と述べており、空所を含む文の主語 It はラグビー選手たちが踊るハカを指している。

### STUDY IT! ことばのしくみを学ぼう

---

### 「どのように〜したらいいか」を表す言い方 ― how to do 〜

〈疑問詞＋to不定詞〉

〈疑問詞＋to do 〜〉でさまざまな意味を表すが、それぞれかたまりで動詞の目的語になる。

▶ how to do 〜

how to do 〜で「どのように〜したらいいか」という意味を表す。

I don't know **how to use** this device. （私はこの装置をどのように使ったらいいか知りません）

どのように使うか

knowの目的語

▶ what to do 〜

what to do 〜で「何を〜したらいいか」という意味を表す。

Tell me **what to prepare** tomorrow. （明日何を準備したらいいか私に教えてください）

何を準備したらいいか

〈tell＋人＋もの〉の形

▶ where to do 〜

　where to do 〜で「どこへ [で，に] 〜したらいいか」という意味を表す。

　You should remember **where to go** next week. （あなたは来週、ど
　どこへ行ったらいいか └────────────┘ こへ行ったらいいか覚えておくべきです）
　　　　　　　　　　　rememberの目的語

▶ when to do 〜

　when to do 〜で「いつ〜したらいいか」という意味を表す。

　Nobody knows **when to start** the game. （だれもそのゲームをいつ始
　　　　　　　└──────────┘ いつ始めたらいいか 　めたらいいか知りません）
　　　　　knowsの目的語

---

**DRILL** ▶

❶ 「私は父にどのようにこの魚を料理したらいいかたずねるつもりです」
　● howと to不定詞を使って「どのように〜したらいいか」を表す文にする。
❷ 「あなたは何を最初にしたらいいか知っていますか」
　● whatと to不定詞を使って「何を〜したらいいか」を表す文にする。
❸ 「私たちの先生は私たちにどこで昼食を食べたらいいか教えました」
　● whereと to不定詞を使って「どこで〜したらいいか」を表す文にする。

---

## テキストを読んでみよう③　　　　　　　　　　　教科書p.12

　Indian folk dances are perhaps the oldest in the world. ↘// There
　インディアン　フォウク　　　　　パハプス

are many different dance styles in each region. ↘ // However,
　　　　　　　　　　　　スタイルズ　　　リーヂョン

most of the dances are religious and they are based on myths or
　　　　　　　　　　リリヂャス　　　　　　　　ベイスト　　　ミスス

poems. ↘//

　Did you know that there are many dance scenes in Indian
　　　　　　　　　　　　　　　　　　　　スィーンズ

movies? ↗ // Although the dances in the movies are more modern
　　　　　　　　　　　　　　　　　　　　　　　　　マダン

than traditional, these dances are still part of Indian culture. ↘//

14

## Indian folk dances are perhaps the oldest in the world.
**「インドの民族舞踊はおそらく世界で最も古いです」**

Indian [índiən **インディアン**] 形 「インドの」

folk [fóuk **フォウク**] 形 「民間の、民間伝承の」

folk dance 「民族舞踊」

perhaps [pərhǽps **パハプス**] 副 「たぶん、おそらく」

● India 「インド」（国名）– Indian 「インドの」

● the oldest in the world（世界で最も古い）はoldの最上級を使った表現。

## There are many different dance styles in each region.
**「それぞれの地域にたくさんの異なる踊りのスタイルがあります」**

style [stáil **スタイル**] 名 「様式、スタイル」

region [ríːdʒən **リーヂョン**] 名 「地域、地方」

● There is[are] 〜.（〜がある）の文。

● eachは「それぞれの」という意味の形容詞で、名詞の単数形につく。

## However, most of the dances are religious and they are based on myths or poems.
**「しかしながら、その踊りのほとんどが宗教的であり、それらは神話や詩に基づいています」**

most of 〜 「〜のほとんど」

religious [rilídʒəs **リリヂャス**] 形 「宗教の、宗教的な」

base [béis **ベイス**] 動 「基礎を置く」

be based on 〜 「〜に基づいている」

myth [míθ **ミス**] 名 「神話」

● however（しかしながら）は逆接を表す副詞。直前までの文脈とは逆の話の流れを導く役割をする。butも同じ意味だが、butのほうがより口語的。

● most of the dancesが文の主語になっている。

● are based on 〜は動詞baseが受け身で使われている表現だが、この形で使われることが多い。

**Did you know that there are many dance scenes in Indian movies?**
「インドの映画にはたくさんのダンスシーンがあるのをあなたは知っていましたか」

scene [siːn スィーン] 图 「場面、シーン」

**Although the dances in the movies are more modern than traditional, these dances are still part of Indian culture.**
「映画の中の踊りは伝統的というよりむしろ現代的であるものの、これらの踊りはいまだにインドの文化の一部です」

modern [mádərn マダン] 形 「現代の、現代風の」
more ～ than ... 「…というよりむしろ～」
be part of ～ 「～の一部である」

和訳

　　インドの民族舞踊はおそらく世界で最も古いです。それぞれの地域にたくさんの異なる踊りのスタイルがあります。しかしながら、その踊りのほとんどが宗教的であり、それらは神話や詩に基づいています。
　　インドの映画にはたくさんのダンスシーンがあるのをあなたは知っていましたか。映画の中の踊りは伝統的というよりむしろ現代的であるものの、これらの踊りはいまだにインドの文化の一部です。

## CHECK! 確認しよう

❶ 「大部分の伝統的なインドの民族舞踊が共通して持っているのは何ですか」
　　教科書p.12の3～5行目参照。most of the dances are religious and they are based on myths or poems とある。

❷ 「インドの映画の踊りは常に伝統的ですか」
　　教科書p.12の7～9行目参照。the dances in the movies are more modern than traditional とある。

## TALK! 話してみよう

❶ 「はい、楽しみます／いいえ、楽しみません」
　　マイクの質問は「あなたは映画観賞を楽しみますか」。YesまたはNoで答える問題。

❷ 「なぜなら映画は わくわくする／退屈だ／楽しい／長すぎる からです」
　　マイクの質問は「なぜですか」。映画鑑賞を楽しむ、または楽しまない理由を答える。

## WORD BUILDER 語彙力をつけよう

### 国名とその形容詞

| 国名 | 国名の形容詞 |
|---|---|
| America<br>アメリカ | American<br>アメリカ(人)の |
| Indonesia<br>インドネシア | Indonesian<br>インドネシア(人)の |
| Mexico<br>メキシコ | Mexican<br>メキシコ(人)の |
| Japan<br>日本 | Japanese<br>日本(人)の |
| Portugal<br>ポルトガル | Portuguese<br>ポルトガル(人)の |
| Vietnam<br>ベトナム | Vietnamese<br>ベトナム(人)の |
| Denmark<br>デンマーク | Danish<br>デンマーク(人)の |
| Poland<br>ポーランド | Polish<br>ポーランド(人)の |
| Turkey<br>トルコ | Turkish<br>トルコ(人)の |

#### 例文の和訳

A：あなたはこれまでに外国の料理を食べてみたことはありますか。

B：はい。私は世界中のさまざまな料理を食べることが好きです。私は特にメキシコ料理が好きです。私はまだトルコの食べ物を食べてみたことはありませんが、いつか試してみたいです。

## SUM UP! 要約しよう

- 「彼らはみんなに(❶)を分かち合ってほしいと思っています」 教科書p.8の9〜10行目に They want everyone to share their harvest. とある。
- 「ハカはニュージーランドの(❷)マオリのパフォーマンスです」 教科書p.10の2行目に It's a ceremonial display とある。ここでの It は a haka を指す。
- 「インドの(❸)舞踊は世界で最も古いかもしれません」 教科書p.12の1〜2行目に Indian folk dances are perhaps the oldest in the world. とある。

● 「映画の中の踊りはインドの (④) の一部でもあります」 教科書p.12の9行目に these dances are still part of Indian <u>culture</u> とある。

| 語句 | 民族の　　儀式的な　　文化　　収穫 |
|---|---|

## PRACTICE! 練習しよう

**1. 〈tell[ask]＋名詞＋to do …〉を使って自分の体験と感想を英語で述べる問題**

> **例** Yesterday, Mr. Yamada **told** me **to** mop the floor.  I thought it was too big for me to mop up by myself.  That's why I **asked** my friend **to** help me and we finished it today.

- ● 〈tell＋名詞＋to do …〉(～に…するように言う) は命令のニュアンス、〈ask＋名詞＋to do …〉(～に…するように頼む) は頼み事のニュアンスとなるので、立場によって使い分ける。

- 訳 昨日、山田先生は私に床をモップ掛けするように言いました。私は一人でモップ掛けするにはそれが大きすぎると思いました。そういうわけで、私は友だちに手伝ってくれるように頼み、今日私たちはそれを終えました。

**2. where to do～とwhen to do～を使って、対話をする問題**

> **例** あなた：Excuse me, I want to go to <u>the classical concert</u>.  I have no idea **where to go**.
> Staff　：It's in <u>Hall A</u>.
> あなた：Oh, I see.  Please tell me **when to enter** the hall.
> Staff　：You can go in now.  It starts soon, at <u>one o'clock</u>.
> あなた：Thank you.

|  | Today's Program | | |
|---|---|---|---|
| Classical Concert | 13：00 – 15：00 | Hall A |
| Theater Performance | 14：00 – 15：30 | Hall B |
| Magic Show | 15：00 – 15：30 | Stage 2 |
| Restaurant | 12：00 – 16：00 | Hall B, 2nd floor |

- ● 下線部を the classical concert (クラシックコンサート)、the theater performance (劇場公演)、the magic show (マジックショー)、the restaurant（レストラン）、またはそれぞれのプログラムに対応する場所と時間に言い換える。

訳　あなた　　：すみません、私はクラシックコンサートに行きたいです。どこに行ったらいいかわかりません。

スタッフ：それはAホールです。

あなた　　：ああ、わかりました。そのホールにいつ入ればいいか教えてください。

スタッフ：今入っていいですよ。それはまもなく始まります、1時ちょうどに。

あなた　　：ありがとうございました。

## 3．頼み事を聞き取る音声問題 🎧

**スクリプト**

**Cindy:** Tomorrow I'll go on my trip.
**Uncle:** Lucky you!  Enjoy yourself in California.
**Cindy:** Thanks.  And I'll have a heavy suitcase with me.  So, can I ask you to drive me to the station?
**Uncle:** No problem.
**Question:** What did Cindy ask her uncle to do?

### 聞き取りのポイント

質問のWhat did Cindy ask her uncle to do?は〈ask＋名詞＋to do ...〉（〜に…するように頼む）を使った文で、「シンディーは彼女のおじに何をするように頼みましたか」という意味。

**スクリプト訳**

シンディー：明日、私は旅行に行くの。

おじ　　　：いいなあ！　カリフォルニアで楽しんでね。

シンディー：ありがとう。それと、重いスーツケースがあるの。だから、私を駅まで車で送ってくれないかしら？

おじ　　　：構わないよ。

質問　　　：シンディーは彼女のおじに何をするように頼みましたか。

### 語句

☆mop [máp **マ**プ] 動「〜をモップでふく」

☆staff [stǽf **ス**タフ] 名「職員、スタッフ」

19

# IIIIIIIIIIII CHALLENGE YOURSELF! IIIIIIIIIIII

**1. 文脈を把握しよう。**

Mike : Which dance do you want to try?

あなた : ❶＿＿＿＿＿＿＿＿＿ the options.

Mike : Okay. Hip-hop is the dance with the latest music. Jazz dance is very energetic. Folk dancing is done in a group.

あなた : ❷＿＿＿＿＿＿＿＿＿ recommend, Mike?

Mike : Of course, jazz dance. I've studied it before. What is your choice?

あなた : I'd like to try ❸＿＿＿＿＿＿＿＿＿.

- ❶の直後で、マイクがそれぞれのダンスの具体的な内容を説明していることから、❶では選択肢についての説明を求めたと考えられる。
- ❷の直後で、マイクが「もちろん、ジャズダンスです。私は以前にそれを勉強したことがあります」と言っていることから、❷ではマイクのことについてたずねたと考えられる。
- ❸の直前でマイクは「あなたの選択はどれですか」と聞いているので、自分の選択を答える。

和訳

マイク：あなたはどのダンスをやってみたいですか。
あなた：選択肢を❶＿＿＿＿。
マイク：わかりました。ヒップホップは最新の音楽に合わせるダンスです。ジャズダンスはとても活気に満ちています。フォークダンスはグループで行います。
あなた：マイク、おすすめを❷＿＿＿＿。
マイク：もちろん、ジャズダンスです。私は以前にそれを勉強したことがあります。あなたの選択はどれですか。
あなた：私は❸＿＿＿＿をためしてみたいです。

**2. 自分の立場でアンケートに記入しよう。**

**Questionnaire**　　　Name ＿＿＿＿＿＿

**Q1.** Please circle your choice. hip-hop　jazz dance　folk dancing

**Q2.** Explain the reason.　I chose it because ＿＿＿＿＿＿＿＿.

- それぞれのダンスの具体的な内容は、**1.**でマイクが説明しているので、それを参考に自分の希望するダンスを決める。
- 自分の選択の理由を、becauseに続けて具体的に述べる。

和訳

**アンケート**　　名前＿＿＿＿＿＿＿＿＿＿＿＿
**質問1.** あなたの選択を丸で囲んでください。
　　　　ヒップホップ　　　ジャズダンス　　　フォークダンス
**質問2.** その理由を説明しなさい。
　　　　私がそれを選んだのは、＿＿＿＿＿＿＿＿＿＿＿＿＿＿＿
　　　　＿＿＿＿＿＿＿＿＿＿＿＿＿＿＿＿＿＿＿＿＿だからです。

**語句**

☆hip-hop [híphàp ヒプハプ] 图「ヒップホップ」(音楽のジャンル)
☆option [ápʃən アプション] 图「選択(肢)」
☆okay [òukéi オウケイ] 間「よろしい、大丈夫だ」(＝ OK)
☆energetic [ènərdʒétik エナヂェティク] 形「精力的な、活動的な」
☆questionnaire [kwèstʃənéər クウェスチョネア] 图「アンケート」

---

テキストを
読んでみよう

**READ ON!**

教科書p.16

### An Acrobatic Dance — Breakin'
アクロバティク　　　　　ブレイキン

Which dance genre is your favorite? ↘// Although there are many
　　　　　　ジャーンル
exciting genres, breakdancing, or breakin', is especially unique. ↘ //
　　　　　　ブレイクダンスィング
It's very acrobatic like gymnastics. ↘// However, it doesn't require any
　　　　　　　　　　　　　　　　　　　　　　　　リクワイア
equipment. ↘ // The dancers put their heads on the floor and they
イクウィプメント
spin their bodies. ↘//

Dancers often have a dance battle and they take turns dancing. ↘//
バトル

So, how is a battle judged? ↘// The audience decides the winner! ↘//
ヂャヂド          オーディエンス          ウィナ

Therefore, the audience enjoys the battle even more. ↘//
ゼアフォー

Breakin' was born in the USA and it spread quickly. ↘// Today, it's
スプレド

popular around the world. ↘//

### 語句・文の研究

#### An Acrobatic Dance — Breakin'
**「曲芸的なダンス―ブレイキン」**

　　acrobatic [ǽkrəbǽtik アクロバティク] 形「曲芸的な」

　　breakin' [bréikin ブレイキン] 名「ブレイキン」

　　　1970年代にニューヨークで生まれたストリートダンス。もともとはギャング同士の抗争の際に、暴力を使わずに勝敗をつけるために行われた。

#### Which dance genre is your favorite?
**「どのダンスのジャンルがあなたのお気に入りですか」**

　　genre [ʒáːnrə ジャーンル] 名「種類、ジャンル」

#### Although there are many exciting genres, breakdancing, or breakin', is especially unique.
**「わくわくするようなたくさんのジャンルがありますが、ブレイクダンスすなわちブレイキンは特に独特です」**

　　breakdancing [bréikdǽnsiŋ ブレイクダンスィング] 名「ブレイクダンス」(= breakin')

　● although は「～だけれども」と譲歩を表す接続詞。ここでは Although there are many exciting genres までが Although が導く節。

#### However, it doesn't require any equipment.
**「しかしながら、それはどんな用具も必要としません」**

　　require [rikwáiər リクワイア] 動「～を必要とする」

　　equipment [ikwípmənt イクウィプメント] 名「装備、用具」

　● however は「しかしながら」という逆接の意味を表す副詞なので、こ

こでは直前までの文脈とは逆の内容が続くことを意味している。

▌**Dancers often have a dance battle and they take turns dancing.**
▌「踊り手たちはよくダンスバトルをして、交代で踊ります」

　　battle [bǽtl **バトル**] 图 「戦い」
　　take turns dancing 「交代で踊る」

▌**So, how is a battle judged?**
▌「では、どのようにしてバトルは審判されるのでしょうか」

　　judge [dʒʌ́dʒ **ヂャヂ**] 動 「～を審判する」

▌**The audience decides the winner!**
▌「観客が勝者を決めるのです！」

　　audience [ɔ́:diəns **オーディエンス**] 图 「観客」
　　winner [wínər **ウィナ**] 图 「勝者」

▌**Therefore, the audience enjoys the battle even more.**
▌「それゆえに、観客はよりいっそうそのバトルを楽しみます」

　　therefore [ðéərfɔ̀:r **ゼアフォー**] 副 「それゆえに」

▌**Breakin' was born in the USA and it spread quickly.**
▌「ブレイキンはアメリカ合衆国で誕生して、急速に広がりました」

　　spread [spréd **スプレド**] 動 「広がる、～を広げる」
　　● be born in ～は「～で生まれる」という意味。

和訳

　　　　　　曲芸的なダンス—ブレイキン

　どのダンスのジャンルがあなたのお気に入りですか。わくわくするようなたくさんのジャンルがありますが、ブレイクダンスすなわちブレイキンは特に独特です。それは体操のようにとても曲芸的です。しかしながら、それはどんな用具も必要としません。踊り手たちは頭を床につけて、体を回転させます。

　踊り手たちはよくダンスバトルをして、交代で踊ります。では、どのようにしてバトルは審判されるのでしょうか。観客が勝者を決めるのです！　それゆえに、観客はよりいっそうそのバトルを楽しみます。

　ブレイキンはアメリカ合衆国で誕生して、急速に広がりました。今日、それは世界中で人気があります。

# A Piece of Cake

ア ピース オブ ケイク　　　　　　第2課　A Piece of Cake

どの言語にも、それぞれ慣用句があります。しかし同じ意味を伝えていても、使われる表現は言語によって異なっていることがよくあります。

## テキストを読んでみよう①　　　　　　　　　　　　　　　教科書p.20

Mr. Brown: Today, we have a quiz. ↘// Question 1. ↘// Please tell

me when "a piece of cake" is used. ↘//

Kai　　　 : Hmm ... for example, "I had a piece of cake for my
　　　　　フム
birthday." ↘//

Mr. Brown: That's good, but I want another meaning. ↘//

Kai　　　 : Sorry, I don't have a clue. ↘//
　　　　　　　　　　　　　　　クルー
Mr. Brown: It means "really easy." ↘//

Moe　　　 : Ah! ↘// In Japanese, we say *asameshimae*. ↘// "It's a
　　　　　アー
job before breakfast." ↘//

Mr. Brown: Why do you say "before breakfast"? ↘//

Moe　　　 : Because we don't need energy to do the job. ↘//

### 語句・文の研究

**| Today, we have a quiz.**
**| 「今日はクイズがあります」**

● quiz「クイズ」

**| Question 1.  Please tell me when "a piece of cake" is used.**
**| 「第1問。"a piece of cake"はいつ使われるか教えてください」**

- a piece of cake 「一切れのケーキ」という意味だが、慣用句として使われるときは、一切れのケーキが簡単に食べられることから「とても簡単な」という意味を表す。
- when "a piece of cake" is used 〈when＋主語＋動詞〉の語順で「いつ～が…するのか」という意味を表す。ここでは受け身の形で用いられている。

## Hmm ... for example, "I had a piece of cake for my birthday."
「うーん…例えば、『私は自分の誕生日ケーキを一切れ食べました』」

hmm [hm フム] 間 「ふうむ、うーん」
- for example 「例えば」

## That's good, but I want another meaning.
「いいですね、でもほかの意味を教えてください」

- That's good. は「いいですね」「それはよかった」のように、相手の提案や依頼に同意や共感するときに使われる。また、会話のつなぎとして使われる場合は、特に意味を持たないこともある。
- another は名詞の単数形の前において「（同一種類のものについて）別の、もう1つの」という意味を表す。

## Sorry, I don't have a clue.
「すみません、まったくわかりません」

clue [klú: クルー] 名 「手がかり」
I don't have a clue. 「まったくわかりません」
「まったくわからない」「見当がつかない」と言うときに用いる表現。

## It means "really easy."
「それは『本当に簡単である』という意味です」

- mean は「～を意味する、～を指す」という意味の動詞。

## Ah! In Japanese, we say *asameshimae*.
「ああ！　日本語では朝飯前と言います」

ah [á: アー] 間 「ああ」
- we は広く一般の人を指す。ここでは特に日本人を指す。
- 萌は、慣用句としての a piece of cake は、日本語の慣用句「朝飯前」とほぼ同じ意味を持つと言っている。

## "It's a job before breakfast."
## 「『それは朝飯前の仕事さ』」

- a job before breakfast は「朝食前の仕事」という意味だが、ここでは ブラウン先生に日本語の慣用句「朝飯前」の使い方を説明するために、 「朝飯前」を直接英語に置きかえている。

## Why do you say "before breakfast"?
## 「なぜ『朝飯前』と言うのですか」

- why は理由をたずねる疑問詞。

## Because we don't need energy to do the job.
## 「その仕事をするのにエネルギーを必要としないからです」

- 「朝食前の空腹でエネルギーがないときにでもできるような容易なこと、 きわめてたやすいこと」であることを説明している。

和訳

| | |
|---|---|
| ブラウン先生 | 今日はクイズがあります。第1問。"a piece of cake"はいつ使われるか教えてください。 |
| 海 | うーん…例えば、『私は自分の誕生日ケーキを一切れ食べました』。 |
| ブラウン先生 | いいですね、でもほかの意味を教えてください。 |
| 海 | すみません、まったくわかりません。 |
| ブラウン先生 | それは『本当に簡単である』という意味です。 |
| 萌 | ああ！日本語では朝飯前と言います。「それは朝飯前の仕事さ」。 |
| ブラウン先生 | なぜ「朝飯前」と言うのですか。 |
| 萌 | その仕事をするのにエネルギーを必要としないからです。 |

## CHECK! 確認しよう

❶ 「海は"a piece of cake"の2つの意味を知っていましたか」
　教科書p.20の7行目参照。I don't have a clue とある。

❷ 「なぜ朝飯前は、『本当に簡単である』という意味を表すのですか」
　教科書p.20の12～13行目参照。we don't need energy to do the job とある。

## TALK! 話してみよう

「そうですねえ…、曲を書くこと／英語でスピーチすること／ビデオクリップ (ビデオ映像)を作ること です」
ブラウン先生の質問は「あなたにとって "a piece of cake"（本当にたやすいこと) は何ですか」。自分にとって簡単にできることを答える。

# STUDY IT!　ことばのしくみを学ぼう

## 「いつ～が…するのか」を表す言い方 ― when＋主語＋動詞

〈疑問詞で始まる節〉

▶ 〈when＋主語＋動詞〉

　〈when＋主語＋動詞〉で「いつ～が…するのか」という意味を表す。疑問詞で始まる節が動詞の目的語になるときは、〈疑問詞＋主語（＋助動詞）＋動詞〉の語順になる。when以外の疑問詞 what、who、which、where、why、howもこの形が用いられる。

Do you know **when Tom will come** here?

when＋主語＋助動詞＋動詞　　　＊未来のことは未来の文で表す。

（あなたはトムがいつここへ来るか知っていますか）

▶ 〈what＋主語＋動詞〉「～が何を…するのか」

I don't know **what she bought** at this store.

what＋主語＋動詞　　　　＊過去のことは過去形を使って表す。

（私は彼女がこの店で何を買ったのか知りません）

▶ 〈which＋主語＋動詞〉「～がどれ［どちら］を…するのか」

Please tell me **which bus** I should take.

which（＋名詞）＋主語＋助動詞＋動詞

（どのバスに乗ればいいのか、私に教えてください）

▶ 〈where＋主語＋動詞〉「～がどこで［へ、に］…するのか」

I want to know **where they are going**.

where＋主語＋動詞　＊動詞の形は主語と内容に応じて使い分ける。

（私は彼らがどこへ行こうとしているのか知りたいです）

▶ 〈why＋主語＋動詞〉「～がなぜ…するのか」

Nobody knows **why Ken has been** in London.

why＋主語＋動詞

（健がなぜずっとロンドンにいるのか、だれも知りません）

▶ 〈how＋主語＋動詞〉「～がどのように…するのか」

We know **how this cake is made**.　（私たちはこのケーキがどのように

how＋主語＋動詞　　　　　　して作られるか知っています）

27

❶ 「私は知りません」「その男性はだれですか」
- ● 第2文を〈疑問詞＋主語＋動詞〉の語順にしてknowに続ける。
❷ 「あなたは知っていますか」「私のスマートフォンはどこにありますか」
- ● 第2文を〈疑問詞＋主語＋動詞〉の語順にしてknowに続ける。
❸ 「私は知りたい」「バスはいつ到着しますか」
- ● 第2文を〈疑問詞＋主語＋動詞〉の語順にしてknowに続ける。doesは不要で、arriveが三人称単数現在形になることに注意。

## テキストを読んでみよう②　　　　　　　　　　教科書p.22

Mr. Brown: Next question. ↘// I wonder if you know the phrase "pie
　　　　　　　　　　　　　　ワンダ
　　　　　in the sky." ↘//

Moe 　　　: No. ↘// Please give us an example. ↘//

Mr. Brown: Certainly. ↘// If I say I want to build a time machine, it's
　　　　　　サートンリ
　　　　　"pie in the sky." ↘//

Kai 　　　: Do you mean your plan is really difficult? ↗//

Mr. Brown: That's right! ↘//

Moe 　　　: It sounds like "a rice cake in a painting" in Japanese. ↘//

Kai 　　　: You can't eat it. ↘//

Mr. Brown: There's probably no chance? ↗// I see. ↘//

### 語句・文の研究

**Next question.  I wonder if you know the phrase "pie in the sky."**
**「次の質問です。あなたたちは"pie in the sky"というフレーズを知っているのかどうかと思います」**

wonder [wʌ́ndər ワンダ] 動「〜かしらと思う」

● I wonder if 〜.は「私は〜かしらと思う、〜ではないかと（疑問に）思う」という意味を表す。

● pie in the skyは直訳すると「空にあるパイ」という意味で、「現実にはあり得ないこと」「実現しそうもない夢や計画」という意味を表す。日本語の「絵に描いたもち」とほぼ同意。

## No.  Please give us an example.
## 「知りません。例を教えてください」

● I wonder if you know the phrase "pie in the sky."に対してNo.「知らない」と答えている。

## Certainly.
## 「いいですよ」

certainly [sə́ːrtənli サートンリ] 副「確かに、もちろん」

● Certainly.は、何かを依頼されて「いいですよ」と丁寧に応じるときの表現。

## If I say I want to build a time machine, it's "pie in the sky."
## 「もし私がタイムマシンを作りたいと言ったら、それは"pie in the sky"です」

● time machine「タイムマシン」ここでは、時間の流れを超えて未来や過去へ旅するために使われる架空の機械を意味する。

## Do you mean your plan is really difficult?
## 「つまりあなたの計画はとても難しいということですか」

Do you mean 〜?「つまり〜ということですか?」

## That's right!
## 「その通り！」

● That's right.「その通り」 Yes.とほぼ同じ意味を表す。

## It sounds like "a rice cake in a painting" in Japanese.
## 「日本語の"a rice cake in a painting"（絵に描いたもち）に似ていますね」

rice cake「もち」

a rice cake in a painting「絵に描いたもち」（日本語の慣用句の直訳）

● It sounds like 〜は「〜のように聞こえる」「（聞いた情報によれば）〜らしい」という意味を表す。

## You can't eat it.
## 「あなたはそれを食べることはできません」

- it は直前の a rice cake (in a painting) を指している。「絵に描いたもち」は、どんなに本物そっくりに描いてあっても食べられないというところからきていることを説明している。

## There's probably no chance?
## 「おそらくその可能性はないということですね？」

There's probably no chance?「たぶん可能性はないという意味ですよね？」

## I see.
## 「なるほど」

- I see. は自分が知らなかったことを理解したときに用いる表現。

和訳

| | |
|---|---|
| ブラウン先生 | ：次の質問です。あなたたちは"pie in the sky"というフレーズを知っているのかどうかと思います。 |
| 萌 | ：知りません。例を教えてください。 |
| ブラウン先生 | ：いいですよ。もし私がタイムマシンを作りたいと言ったら、それは"pie in the sky"です。 |
| 海 | ：つまりあなたの計画はとても難しいということですか。 |
| ブラウン先生 | ：その通り！ |
| 萌 | ：日本語の"a rice cake in a painting"（絵に描いたもち）に似ていますね。 |
| 海 | ：あなたはそれを食べることができません。 |
| ブラウン先生 | ：おそらくその可能性はないということですね？　なるほど。 |

## CHECK! 確認しよう

❶ 「"pie in the sky"のブラウン先生の例は何でしたか」

教科書p.22の4〜5行目参照。If I say I want to build a time machine, it's "pie in the sky."とある。

❷ 「"pie in the sky"は、『とても簡単』であることを意味しますか」

教科書p.22の6〜7行目参照。Do you mean your plan is really difficult? — That's right!とある。

## TALK! 話してみよう

❶ 「はい、たくさん使います／少し使います」
ブラウン先生の質問は「日本語では、食べ物に関わる表現を使いますか」。a lotは「たくさん」、a fewは「少しはある」という意味。

❷ 「例えば 花より団子／もちはもち屋 があります」
食べ物に関する語（句）を含む慣用表現の例を挙げる。

❸ 「 団子／もち が使われています」
ブラウン先生の質問は「その表現にはどんな食べ物が含まれていますか」。dumplingsは小麦粉や米粉をねって茹でて作った団子や、それに肉・野菜・果物・チーズなどを入れて焼いた餃子やシュウマイのような食べ物を指す。

## STUDY IT! ことばのしくみを学ぼう

### 「〜かどうか」を表す言い方 ─ if＋主語＋動詞 〜 〈ifで始まる節〉

「〜かどうか不思議［疑問］に思う」と言うときは、動詞wonderのあとに〈if＋主語＋動詞〜〉を続ける。
＊ifの後ろは〈主語（＋助動詞）＋動詞〜〉の語順になる。

▶ 〈wonder if＋主語＋動詞 〜〉
「〜かどうか不思議［疑問］に思う」「〜かしらと思う」
I wonder **if he remembers** me. （彼は私のことを覚えているだろうか）
　　　　　　彼が覚えているかどうか

＊この形の文に使われる動詞は、wonderのほか、know、ask、tellなどがある。

▶ 〈know if＋主語＋動詞〜〉「〜かどうか知っている、わかる」
Do you know **if Jane can drive** a car? （あなたはジェーンが車の運転が
　　　　　　　ジェーンが運転できるかどうか　　　　　　できるかどうか知っていますか）

▶ 〈ask（＋人など）if＋主語＋動詞 〜〉「（人などに）〜かどうかたずねる」
I'll ask **if this shop is** open on Tuesdays. （この店が火曜日に営業して
　　　　　この店が（営業）しているかどうか　　　　　　いるかどうかたずねます）

▶ 〈tell（＋人など）if＋主語＋動詞 〜〉「（人などに）〜かどうか教える、話す」
Tell me **if Kai will come** to the party. （海がパーティーに来るかどうか、
　　　　　海が来るかどうか　　　　　　　　　　　　　私に教えてください）

**DRILL**

❶ 「私は知りたいです」「ブラウン先生は毎日学校に来ますか」
- ● 第2文を〈if＋主語＋動詞〜〉の語順にしてI want to knowに続ける。comeは3人称単数現在形になる。

❷ 「私にはわかりません」「明日は晴れますか」
- ● 第2文を〈if＋主語＋動詞〜〉の語順にしてI'm not sureに続ける。if節はwillを使った未来の文になる。

❸ 「私は疑問に思います」「彼女は試験に合格しましたか」
- ● 第2文を〈if＋主語＋動詞〜〉の語順にしてI wonderに続ける。passは過去形になる。

## テキストを読んでみよう③　　　　　　　　　　　　教科書p.24

Mr. Brown: Last question. ↘// What does "fight like cats and dogs"

　　　　　　mean? ↘//

Moe 　　　: Please tell me when to use it. ↘//

Kai 　　　: Wait! ↘// You mean they don't get along. ↘//

Mr. Brown: Correct! ↘//
　　　　　　コレクト

Kai 　　　: We say "dogs and monkeys dislike each other." ↘//
　　　　　　　　　　　　　　　　　ディスライク

Mr. Brown: That's weird. ↘// Why? ↘//
　　　　　　　　ウィアド

Kai 　　　: I'm not sure. ↘// But there are some stories about their

　　　　　　problems. ↘//

Moe 　　　: The animals are different, but the meaning is the

　　　　　　same. ↘//

Mr. Brown: That makes sense. ↘//
　　　　　　　　　　　　センス

32

## Last question.  What does "fight like cats and dogs" mean?
**「最後の質問です。"fight like cats and dogs"は何を意味するでしょうか」**
- fight「けんかをする」
- "fight like cats and dogs"「イヌとネコのようにけんかする」→「犬猿の仲である、激しく口論する」非常に仲の悪いことを表す。

## Please tell me when to use it.
**「それをいつ使えばよいのか教えてください」**
- when to do ～「いつ～すればよいか」〈疑問詞 + to不定詞〉がtellの目的語になる。

## Wait!  You mean they don't get along.
**「待って！ 仲が悪いという意味ですね」**
get along「仲がよい」

## Correct!
**「正解！」**
correct [kərékt コレクト] 形「正しい」

## We say "dogs and monkeys dislike each other."
**「ぼくたちは"dogs and monkeys dislike each other"（犬猿の仲）と言います」**
dislike [disláik ディスライク] 動「～を嫌う」
dogs and monkeys dislike each other「犬猿の仲」（日本語の慣用句の直訳）
each other「お互い（を）」
- we は本人を含む日本人全般を指している。

## That's weird.  Why?
**「それは奇妙ですね。どうしてですか」**
weird [wiərd ウィアド] 形「変な、奇妙な」
- 英語ではイヌと仲が悪いのはネコであるが、日本語ではサルなので「奇妙だ」と言っている。

## I'm not sure.
## 「よくわかりません」

- I'm not sure. には「確信が持てない」というニュアンスがある。「よくわからない」というやわらかい否定である。

## But there are some stories about their problems.
## 「でも彼らの問題については諸説あります」

some stories about ～「～についてのいくつかの話、諸説」

- 直前の I'm not sure. に続いて「よくわからないけれど、犬と猿の仲が悪いことについて諸説ある」と言っている。

## The animals are different, but the meaning is the same.
## 「動物は異なりますが、意味は同じです」

- 「イヌとネコ」「イヌとサル」の違いはあるものの、「非常に仲が悪い」という意味は同じであると言っている。

## That makes sense.
## 「なるほど」

sense [séns センス] 名「意味、感覚」

make sense「意味をなす、よくわかる」

That makes sense.「なるほど」

- That makes sense. は、説明や理由を聞いて「論理的だ、筋が通っている」と納得したときに用いる表現である。

和訳

| | |
|---|---|
| ブラウン先生 | 最後の質問です。"fight like cats and dogs"は何を意味するでしょうか。 |
| 萌 | それをいつ使えばよいのか教えてください。 |
| 海 | 待って！　仲が悪いという意味ですね。 |
| ブラウン先生 | 正解！ |
| 海 | ぼくたちは"dogs and monkeys dislike each other"（犬猿の仲）と言います。 |
| ブラウン先生 | それは奇妙ですね。どうしてですか。 |
| 海 | よくわかりません。<br>でも、彼らの問題については諸説あります。 |
| 萌 | 動物は異なりますが、意味は同じです。 |
| ブラウン先生 | なるほど。 |

## CHECK! 確認しよう

**❶** 「日本の文化では、どの2種類の動物の仲が悪いですか」

教科書p.24の6～7行目参照。We say "dogs and monkeys dislike each other." とある。

**❷** 「動物が出てくる表現はどの文化でも同じですか」

教科書p.24の11行目参照。The animals are different とある。

## TALK! 話してみよう

**❶** 「はい、あります／いいえ、思い当たりません」

ブラウン先生の質問は「あなたはネコとイヌがけんかをしているのを見たことがありますか」。YesまたはNoで答える問題。

**❷** 「おそらく イノシシ／ウサギ／ハムスター／カメ でしょう」

ブラウン先生の質問は「イヌはどんな動物と仲よくできるでしょうか」。イヌと相性のよさそうなものを選ぶ。

## WORD BUILDER 語彙力をつけよう

### 動物が出てくる表現

| 動物 | 表現 |
|---|---|
| snail<br>カタツムリ | at a snail's pace<br>のろのろと |
| beaver<br>ビーバー | eager beaver<br>頑張り屋 |
| horse<br>ウマ | eat like a horse<br>大食いである |
| ant<br>アリ | have ants in *one's* pants<br>そわそわする |
| owl<br>フクロウ | night owl<br>夜更かしの人 |
| peacock<br>クジャク（の雄） | proud as a peacock<br>誇らしげに、得意そうに |
| cat, dog<br>ネコ、イヌ | rain cats and dogs<br>土砂降りである |
| fox<br>キツネ | sly as a fox<br>ずる賢い |

| hawk<br>タカ | watch ~ like a hawk<br>～を注意深く見る |
|---|---|

例文の和訳

私の姉［妹］は大学入学試験に合格しました。彼女は頑張り屋です。毎日遅くまで一生懸命に勉強しました。彼女は夜更かしの人でもあります。

## SUM UP! 要約しよう

- 「英語の"A piece of (❶)"は、『本当に簡単であること』を意味します」 教科書p.20の2、8行目に、a piece of cake は"really easy"を意味するとある。
- 「英語の"Pie in the (❷)"と日本語の『絵に描いたもち』は、計画が難しいことを意味する表現です」 教科書p.22の2、6、8～9行目に、"pie in the sky"と"a rice cake in a painting"は、plan is really difficult を意味するとある。
- 「『相性が悪いこと』を意味するのに、英語では (❸) とイヌが使われ、一方日本語ではイヌと (❹) が使われます」 教科書p.24の1～2行目に"fight like cats and dogs"、6～7行目に "dogs and monkeys dislike each other"とある。

 空　ケーキ　サル　ネコ

## PRACTICE! 練習しよう

**1.〈疑問詞＋主語＋動詞〉を使って相手の体験をたずねる問題**

- 例 Mike, you went to Hokkaido, didn't you? Please tell me **where you visited**. Did you go to Sapporo or Furano? What did you do there? I'd like to know **what you ate**.

- ● 平叙文のあとに didn't you? を加えると、「～でしたよね」と相手に同意や確認を求めたり念を押したりする付加疑問文になる。

- 訳 マイク、あなたは北海道へ行きましたよね。どこを訪れたのか私に教えてください。札幌か富良野へ行きましたか。そこで何をしましたか。あなたが何を食べたか知りたいです。

**2.〈if＋主語＋動詞〉を使って、メールを書く問題**

- 例 You'll be here next week. I can't wait to see you! I wonder **if I can meet** you at the airport. Also, I'd like to know **if**

**my family and I can take** you to a sushi restaurant that night.  Do you eat raw fish?  If you don't like sushi, please tell me your favorite Japanese food. Bon voyage!

- if I can meet youは「あなたに会うことができるかどうか」という意味。
- 訳　あなたは来週ここに来ます。あなたに会うのが待ちきれません！　空港であなたに会うことができるでしょうか。また、私の家族と私が、その晩にあなたをすし屋に連れて行くことができるかどうかを知りたいです。あなたは生の魚を食べますか。もしすしが好きでなければ、あなたの好きな和食を教えてください。よい旅を！

## 3．指示を聞き取る音声問題

スクリプト

Everyone, we'll soon arrive at Sunrise Hotel.  Now I'll explain how you check in.  Please tell the front desk clerk your name and show your passport.  Next, sign the registration card and you'll receive your room key.  Then please bring your luggage with you to the room.
**Question:** What should you do first when you arrive at the hotel?

### 聞き取りのポイント

　質問のWhat should you do first when you arrive at the hotel?は「あなたがホテルに到着して最初にするべきことは何ですか」という意味。whenは疑問詞ではなく、時を表す接続詞である。explain how you check inは「あなたがどのようにチェックインするかを説明する」で、〈疑問詞＋主語＋動詞〉how you check inはexplainの目的語である。

スクリプト訳

　皆さん、間もなくサンライズホテルに到着します。では、チェックインのしかたを説明します。フロントの係員に名前を言って、パスポートを見せてください。次に宿泊登録カードにサインをして、部屋の鍵を受け取ります。それから荷物は自分で部屋まで運んでください。
　質問：あなたがホテルに到着して最初にするべきことは何ですか。

### 語句

☆raw [rɔ́ː ロー] 形「生の」
☆bon voyage [bɑ̀ːn vwaiɑ́ːʒ バーンヴヮイアージュ]「よい旅を」

# IIIIIIIIIIII CHALLENGE YOURSELF! IIIIIIIIIIIII

**1．文脈を把握しよう。**

> A　　　 : Which one are you familiar with, No.1, 2 or 3?
>
> あなた : Number ❶_____.
>
> A　　　 : Do you believe it?
>
> あなた : (Yes, I do / No, I don't). Because ❷_____.
>
> A　　　 : Well, I'm familiar with all of them and I believe them.

- ❶の直前でAが「あなたはNo.1, 2, 3のどれをよく知っていますか」と聞いているので、自分の選択を答える。
- ❷の直前で、Aがあなたが選択した迷信について「それを信じますか」と言っており、あなたはYes/Noで答えている。❷ではその理由を答える。

---

❷　私は非常にしばしばそれを耳にする　　私は迷信を信じない

---

和訳

> No. 1　くしゃみをするときは、だれかがあなたについて話をしていることを意味する。
>
> No. 2　茶柱がお茶の中でまっすぐに立っている。それは幸運のしるしである。
>
> No. 3　ため息をつくと幸せが逃げる。
>
> A　　　 : あなたはNo.1、2、3のどれをよく知っていますか。
>
> あなた : No.❶_____です。
>
> A　　　 : あなたはそれを信じますか。
>
> あなた : (はい、信じます／いいえ、信じません)。なぜなら❷_____からです。
>
> A　　　 : ええと、私はそれらすべてをよく知っていて、それらを信じています。

**2．自分の立場でアンケートに記入しよう。**

　　The graph shows very interesting results. Over 85% of the people from overseas are familiar with superstitions Number ❶_____. And they believe in the superstition about the (sneeze / tea / sigh) the most.

　　We found the results ❷_____ because we expected (the same / different) results.

❸_____.

- 85％以上の人がfamiliarと答えた迷信をグラフから選び、❶に番号を入れる。
- believe itと答えた人がもっとも多い迷信の番号をグラフから読み取り、該当する迷信の内容を選択する。
- グラフが示す結果に対する印象を❷に書く。そう感じた理由を（　）内から選択する。
- アンケートへの協力に感謝する表現を❸に書く。

---

❷　驚くべき　　興味深い　　わくわくする　　不可解な

---

和訳

　グラフはとてもおもしろい結果を示しています。海外から来た人の85％以上が迷信❶＿＿＿＿＿をよく知っています。そして、彼らは、（くしゃみをする／茶／ため息をつく）に関する迷信をもっとも信じているのです。
　私たちはその結果が❷＿＿＿＿＿だとわかりました。なぜなら（同じ／異なる）結果を期待したからです。
　❸＿＿＿＿＿。

語句

☆ sneeze [sníːz ス**ニ**ーズ] 動「くしゃみをする」

☆ stalk [stɔ́ːk ス**ト**ーク] 名「（植物の細い）茎」

☆ upright [ʌ́pràit **ア**プライト] 副「まっすぐに」

☆ escape [iskéip イス**ケ**イプ] 動「逃げる」

☆ sigh [sái **サ**イ] 動「ため息をつく」

☆ superstition [sùːpərstíʃən スーパス**ティ**ション] 名「迷信」

☆ overseas [òuvərsíːz オウヴァ**スィ**ーズ] 副「海外へ［で］」

☆ expect [ikspékt イクス**ペ**クト] 動「～を期待する、予期する」

☆ cooperation [kouàpəréiʃən コウアペ**レ**イション] 名「協力」

☆ assistance [əsístəns ア**スィ**スタンス] 名「助け、援助」

## Proverbs
プラヴァーブズ

Sometimes proverbs in different languages have a similar message. ↘// Do you know the English proverb, "when in Rome, do
ロウム
as the Romans do"? ↗//
ロウマンズ

It means you should follow the customs of local people when you
カスタムズ
are there. ↘ // In Japanese, it is expressed as "*go ni itte wa go ni shitagae.*" ↘//

Another example is "birds of a feather flock together" and "*rui*
フラク
*wa tomo o yobu.*" ↘ // Both of them mean that people of similar
スィミラ
character or taste often join with one another. ↘//

Maybe people in different cultures do think alike! ↘//
アライク

### 語句・文の研究

**Sometimes proverbs in different languages have a similar message.**
「時に、異なる言語のことわざが同じようなメッセージを持つことがあります」
proverb [právə:rb プラヴァーブ] 名 「ことわざ」

**Do you know the English proverb, "when in Rome, do as the Romans do"?**
「英語のことわざ "when in Rome, do as the Romans do" を知っていますか」
Rome [róum ロウム] 名 「ローマ」
Roman [róumən ロウマン] 名 「ローマ人」

**It means you should follow the customs of local people when you are there.**
「現地ではその土地の人の慣習に従うべきである、という意味です」

custom [kʌ́stəm カスタム] 图「慣習、風習」

**Another example is "birds of a feather flock together" and "*rui wa tomo o yobu*."**
「別の例に"birds of a feather flock together"と『類は友を呼ぶ』があります」

flock [flák フラク] 動「群がる」
- birds of a feather「同じ羽毛の鳥」という意味が転じて「同類の人々」「似たような（興味を持つ）人たちの集まり」を表す。

**Both of them mean that people of similar character or taste often join with one another.**
「両方とも、同じような性格や好みの人はよく互いに集まってくる、という意味です」

similar [símələr スィミラ] 形「似ている」

**Maybe people in different cultures do think alike!**
「おそらく異なる文化にいる人たちが同じように考えるのでしょう！」

alike [əláik アライク] 副「同じように」

和訳

ことわざ

　時に、異なる言語のことわざが同じようなメッセージを持つことがあります。英語のことわざ"when in Rome, do as the Romans do"を知っていますか。

　現地ではその土地の人の慣習に従うべきである、という意味です。日本語では「郷に入っては郷に従え」と表現されます。

　別の例に"birds of a feather flock together"と「類は友を呼ぶ」があります。両方とも、同じような性格や好みの人はよく互いに集まってくる、という意味です。

　おそらく異なる文化にいる人たちが同じように考えるのでしょう！

オーストラリア西部に生息するクオッカという動物を知っていますか？　クオッカは、どのような魅力をもち、またどのような問題を抱えているのでしょうか？

## テキストを読んでみよう①　　　　　　　　　　　　　　教科書p.32

Hi, everyone! ↘// Let me show you a cute animal in Australia. ↘//

Look at these pictures. ↘ // I wonder if you've seen this animal

before. ↘ // It's a quokka. ↘ // It lives only in the marshy areas of
　　　　　　　　　　　　　　クワカ　　　　　　　　　　　　　　　　　マーシィ

Western Australia. ↘// It has a round body and is as big as a cat. ↘//
ウェスタン　オーストレイリャ　　　　　　　　ラウンド

It's a marsupial animal and has long strong legs like a kangaroo. ↘//
　　　　　マースーピアル

So, it can bound along quickly. ↘//
　　　　　　　　バウンド

### 語句・文の研究

**Hi, everyone!  Let me show you a cute animal in Australia.**
「こんにちは、みなさん！　私にオーストラリアのかわいい動物を紹介させてください」

　　Australia「オーストラリア」（南半球にあるオーストラリア大陸とタスマニア島などからなる連邦国）

　　●〈let＋人＋動詞の原形〉「（人）に～させる」　let は使役動詞で、「（その人がしたいことを）させる」という意味を表す。

**It's a quokka.**
「それはクオッカです」

　　quokka [kwάkə クワカ] 图「クオッカ」（有袋類の動物、オーストラリアの固有種）

　　●It は直前の文の this animal で、写真に写っている動物を指す。

**It lives only in the marshy areas of Western Australia.**
「それは西オーストラリア州の湿地帯のみに生息しています」

marshy [mɑ́ːrʃi マーシィ] 形「沼地の、湿地の」
Western Australia [wéstərn ɔːstréiljə ウェスタン オーストレイリャ] 名「西オーストラリア州」
- Itは直前の文のa quokkaを指す。
- 西オーストラリア州には独特の気候と地形が生み出す川、湖、湿地帯があり、固有種を含む野生動物の宝庫である。

## It has a round body and is as big as a cat.
**「それは丸みを帯びた体形で、ネコと同じくらいの大きさです」**
round [ráund ラウンド] 形「丸い」
- Itはa quokkaを指す。
- as ~ as ...「…と同じくらい~」

## It's a marsupial animal and has long strong legs like a kangaroo.
**「それは有袋動物で、カンガルーのような長くて丈夫な足を持っています」**
marsupial [mɑːrsúːpiəl マースーピアル] 名 形「有袋動物 (の)」
- クオッカはカンガルー科の哺乳類で、カンガルーと同様にお腹に子育てのための袋がある。

## So, it can bound along quickly.
**「だから、それはすばやく跳ねて進んでいくことができます」**
bound [báund バウンド] 動「跳ねる」
bound along「跳ねて進んでいく」
- soは「だから、そういうわけで」という意味の接続詞。直前の文のhas long strong legs like a kangarooを受けて「だからすばやく跳ねて進んでいくことができる」と言っている。

和訳

　こんにちは、みなさん！ 私にオーストラリアのかわいい動物を紹介させてください。
　これらの写真を見てください。あなたは以前にこの動物を見たことがあるでしょうか。それはクオッカです。それは西オーストラリア州の湿地帯のみに生息しています。それは丸みを帯びた体形で、ネコと同じくらいの大きさです。それは有袋動物で、カンガルーのような長くて丈夫な足を持っています。だから、それはすばやく跳ねて進んでいくことができます。

**❶「クオッカは世界中に生息していますか」**

教科書p.32の4～5行目参照。It lives only in the marshy areas of Western Australia. とある。

**❷「クオッカはどれくらいの大きさですか」**

教科書p.32の6行目参照。as big as a cat とある。

**TALK!** 話してみよう

**「ええと、私は カンガルー／コアラ／タスマニアデビル／ウォンバット が好きです」**

マイクは「オーストラリアに生息する、あなたがいちばん好きな動物を教えてください」と言っている。自分が好きな動物を答える。

**STUDY IT!** ことばのしくみを学ぼう

### 「人などに～させる」を表す言い方 ― let ＋名詞（人など）＋動詞の原形
〈使役動詞〉

「人などに～させる」という意味を表す動詞を使役動詞といい、〈使役動詞＋名詞（人など）＋動詞の原形〉の形で用いる。使役動詞にはlet、make、haveがある。

▶ 〈let ＋名詞（人など）＋動詞の原形〉

〈let ＋名詞（人など）＋動詞の原形〉で「人などに（本人が望むように）～させる、許可する」という意味を表す。

**Let me know** when you have time.

└─→ 本人が知りたがっていること。

└─→ 「人など」を表す語が代名詞のときは、目的格を用いる。

(あなたがいつ時間があるか、私に知らせてください)

**Mr. Brown** let Kai **use** his computer.

└─→ 海がしたがっていること。

└─→ 動詞の行為者。ここではコンピュータを使わせる人。

(ブラウン先生は海に自分のコンピュータを使わせてあげました)

▶ 〈make ＋名詞（人など）＋動詞の原形〉

〈make ＋名詞（人など）＋動詞の原形〉で「人などに（本人の意志とは

関係なく）〜させる」という意味を表す。

He **made** us **practice** soccer every day.
┗━━→「私たち」がさせられたこと。
┗━━→「私たち」が望んでいるかどうかは関係なく「〜させる」という意味を表す。

（彼は私たちに毎日サッカーの練習をさせました）

▶ 〈have ＋名詞（人など）＋動詞の原形〉

〈have ＋名詞（人など）＋動詞の原形〉で「人などに（当然するべきことを）〜させる、〜してもらう」という意味を表す。

（ジムが時計を壊したという設定で）

I **had** Jim **fix** this watch.　　（私はジムにこの時計を修理させました）
┗━━→ジムが当然するべきこと。
┗━━→「当然するべきことを〜させる」という意味を表す。

（ジムに時計の修理を依頼したという設定で）

I **had** Jim **fix** this watch.　　（私はジムにこの時計を修理してもらいました）
┗━━→ジムにしてもらった内容。
┗━━→「〜してもらう」という意味を表す。

**DRILL**

❶ 「音楽は〜させます」「私たちは幸せを感じます」
- 〈make ＋ 人など ＋ 動詞の原形〉「人などを〜させる」の文にする。

❷ 「父は〜させました」「姉［妹］はひとりで外国に行きました」
- 〈let ＋ 人など ＋ 動詞の原形〉「人などに〜させ（てあげ）る」の文にする。

❸ 「私は〜してもらいました」「ウェイターは私にもう少し水を持ってきてくれました」
- 〈have ＋ 人など ＋ 動詞の原形〉「人などに〜してもらう」の文にする。

**テキストを読んでみよう②**　　教科書p.34

Quokkas once widely inhabited Western Australia. ↘// But human
　　　　　　　ワイドリ　インハビティド

cultivation robbed them of their habitat. ↘ // Other animals which
カルティヴェイション　ラブド　　　　　　ハビタト

people brought to Australia attacked quokkas and their numbers
　　　　　　　　　　　　　　　アタクト

decreased. ↘//
ディクリースト

    You can, however, still see wild quokkas living on Rottnest
                                          ラトネスト

Island. ↘// This is because Rottnest Island is off the coast and there
                                        コウスト

is little threat from humans or animals. ↘ // People now visit the
        スレト

island on holidays and enjoy watching quokkas. ↘//

語句・文の研究

**Quokkas once widely inhabited Western Australia.**
**「クオッカは、かつては西オーストラリア州に広くすんでいました」**
    widely [wáidli ワイドリ] 副 「広く」
    inhabit [inhǽbət インハビト] 動 「～に住む」
    ● once「1度、かつて」

**But human cultivation robbed them of their habitat.**
**「しかし、人間の耕作が彼らから生息地を奪いました」**
    cultivation [kʌltəvéiʃən カルティヴェイション] 名 「耕作」
    rob [ráb ラブ] 動 「～を奪う」
    habitat [hǽbətæt ハビタト] 名 「生息地」
    rob ～ of ...「～から…を奪う」
    ● them はここで話題になっている quokkas を指す。

**Other animals which people brought to Australia attacked**
**quokkas and their numbers decreased.**
**「人々がオーストラリアへ持ち込んだほかの動物がクオッカを攻撃し、彼らの**
**生息数が減りました」**
    attack [ətǽk アタク] 動 「～を攻撃する」
    decrease [dikríːs ディクリース] 動 「減少する」
    numbers「(動物などの) 生息数」
    ● which は関係代名詞の目的格で、which people brought to Australia が
      Other animals を後ろから修飾している。

**You can, however, still see wild quokkas living on Rottnest Island.**

**「しかしながら、今でも野生のクオッカがロットネスト島に生息しているのを見ることができます」**

> Rottnest [rátnest ラトネスト] 图「ロットネスト」
> Rottnest Island「ロットネスト島」（西オーストラリア州沖にある島）

**This is because Rottnest Island is off the coast and there is little threat from humans or animals.**

**「これは、ロットネスト島が沖合にあり、人間や動物からの脅威がほとんどないからです」**

> coast [kóust コウスト] 图「海岸、沿岸」
> off the coast「沖合に」
> threat [θrét スレト] 图「脅威」
> there is little threat「ほとんど脅威がない」

**People now visit the island on holidays and enjoy watching quokkas.**

**「人々は現在休日にその島を訪れ、クオッカを見て楽しみます」**

> ● the island は Rottnest Island を指す。

和訳

> 　クオッカは、かつては西オーストラリア州に広くすんでいました。しかし、人間の耕作が彼らから生息地を奪いました。人々がオーストラリアへ持ち込んだほかの動物がクオッカを攻撃し、彼らの生息数が減りました。
> 　しかしながら、今でも野生のクオッカがロットネスト島に生息しているのを見ることができます。これは、ロットネスト島が沖合にあり、人間や動物からの脅威がほとんどないからです。人々は現在休日にその島を訪れ、クオッカを見て楽しみます。

## CHECK! 確認しよう

**❶「クオッカの生息地は、人間の耕作が原因で減少しましたか」**

教科書p.34の2～3行目参照。But human cultivation robbed them of their habitat. とある。

**❷「人々はロットネスト島で何を楽しみますか」**

教科書p.34の9～11行目参照。People now visit the island on holidays and enjoy watching quokkas. とある。

❶ 「はい、あります／いいえ、ありません」
マイクの質問は「あなたはこれまでに絶滅危惧種のことを考えたことがあり
ますか」。Yes または No で答える問題。

❷ 「私は、それは　気候変動／人間／自然災害／ネコ／キツネ　であり得ると思い
ます」
マイクの質問は「クオッカの最大の敵は何ですか」。クオッカの生息数を減ら
す最大の原因だと思われるものを選ぶ。

## STUDY IT! ことばのしくみを学ぼう

### 「〜が…しているのを見る」を表す言い方 — see ＋名詞＋動詞の -ing 形
〈知覚動詞〉

　知覚動詞とは見る、聞く、感じる、においなど、人間の感覚器官のはたら
きを表す動詞である。知覚動詞には see, hear, feel, smell などがある。

▶ 〈see ＋名詞＋動詞の -ing 形〉「〜が…しているのを見る」
　I **saw a man walking** a big dog.
　知覚動詞　└──→ A man was walking a big dog. が成り立つ
　　　　（私は男性が大きな犬を散歩させているのを見ました）

▶ 〈hear ＋名詞＋動詞の -ing 形〉「〜が…しているのが聞こえる」
　I **heard someone playing** the guitar.
　知覚動詞　└──→ Someone was playing the guitar. が成り立つ
　　　　（私は誰かがギターを弾いているのが聞こえました）

▶ 〈feel ＋名詞＋動詞の -ing 形〉「〜が…しているのを感じる」
　I **felt my house shaking**.
　知覚動詞　└──→ My house was shaking. が成り立つ
　　　　（私は家が揺れているのを感じました）

　ある動作を最初から最後まで見たり聞いたりする場合は、〈知覚動詞＋名
詞＋動詞の原形〉の形を用いる。

▶ I **saw a cat cross** the garden.

知覚動詞 └─────→ A cat crossed the garden. が成り立つ

　　　　　（私はネコが庭を横切るのを見ました）

＊ネコが庭を横切っていく動作の最初から最後までを見た、というニュアンス。

＊「ネコが庭を横切っていく動作の一部を見た」と言うときは

I saw a cat **crossing** the garden.　で表す。

知覚動詞＋名詞＋動詞の-ing形

---

## DRILL

❶「私は聞こえました」「子どもたちが外で歌っていました」
- ●〈hear＋名詞＋動詞の-ing形〉を使って「～が…しているのが聞こえた」を表す文にする。

❷「私は見ました」「彼女はバス停で待っていました」
- ●〈see＋名詞＋動詞の-ing形〉を使って「～が…しているのを見た」を表す文にする。

❸「私は聞こえました」「私の背後でドアが閉まりました」
- ●〈hear＋名詞＋動詞の原形〉を使って「～が…するのが聞こえた」を表す文にする。

---

## テキストを読んでみよう③　　　　　　　　　教科書p.36

Because quokkas like hard nuts, bark and leaves, the muscles at
　　　　　　　　　　　　　　　　バーク　　　リーヴズ　　　**マ**スルズ
the corners of their mouths develop. ↘// So, quokkas look like they

are smiling. ↘// That's why they are called "the happiest animals in

the world." ↘// We must take care of them. ↘//

On the other hand, in order to protect quokkas, we must not touch
　　　　　　　　　　　　　　　プロ**テ**クト
or feed them. ↘// I hope that quokkas will "smile" forever! ↘//
フィード
Thank you for listening. ↘//

**Because quokkas like hard nuts, bark and leaves, the muscles at the corners of their mouths develop.**

「クオッカは固い木の実、木の皮、葉を好むので、彼らの口角の筋肉は発達しています」

bark [báːrk バーク] 名「木の皮」

leaves [líːvz リーヴズ] ＜ leaf 名「leaf (葉) の複数形」

muscle [mʌ́sl マスル] 名「筋肉」

corners of their mouths「口角」

**So, quokkas look like they are smiling.**

「だから、クオッカは笑っているように見えます」

look like ～「～のように見える」

● look like they are smiling「彼らは笑っているように見える」 look likeの直後に接続詞thatに導かれる節が続く文。「(that節の内容)のように見える」という意味を表す。ここではthatは省略されている。

**That's why they are called "the happiest animals in the world."**

「そういうわけで彼らは『世界でいちばん幸せな動物』と呼ばれます。

That's why ～.「そういうわけで～」

● That's whyの前の文に理由が、直後に結果が書かれている。ここでは3〜4行目のquokkas look like they are smilingが理由、they are called "the happiest animals in the world"が結果である。

**We must take care of them.**

私たちは彼らを大切にしなければなりません」

take care of ～「～を大切にする」

**On the other hand, in order to protect quokkas, we must not touch or feed them.**

「その一方で、クオッカを保護するために、彼らに触れたりえさをやったりしてはいけません」

on the other hand「その一方で」

protect [prətékt プロテクト] 動「～を保護する」

in order to ～「～するために」

feed [fi:d フィード] 動「～にえさをやる」

- must not ～「～してはいけない」 mustの否定文は禁止を表す。
- or 否定文で「AもBも～ない」というときはandを使わず、not A or BのようにorでAとBをつなぐ。
  - × must not touch <u>and</u> feed
  - ○must not touch <u>or</u> feed「さわってもえさをやってもいけない」

## ▌I hope that quokkas will "smile" forever!
## ▌「私はクオッカが永遠に『笑う』とよいと思います！」

- I hope that ～. 「～だとよいと思う」 希望する内容がthat以下に書かれている。
- forever「永久に、永遠に」
- I hope that quokkas will "smile" forever! クオッカは実際に笑っているのではない。この文には「クオッカが生息数を減らすことなく永遠に存在していてほしい」という希望が込められている。

## ▌Thank you for listening.
## ▌「ご清聴ありがとうございました」

- Thank you for ～. 「～をありがとう」
- Thank you for listening. 「私の話を聞いてくれてありがとう」 スピーチなどの最後にしばしば用いられる常套句。

和訳

　クオッカは固い木の実、木の皮、葉を好むので、彼らの口角の筋肉は発達しています。だから、クオッカは笑っているように見えます。そういうわけで彼らは『世界でいちばん幸せな動物』と呼ばれます。私たちは彼らを大切にしなければなりません。

　その一方で、クオッカを保護するために、彼らに触れたりえさをやったりしてはいけません。私はクオッカが永遠に『笑う』とよいと思います！

　ご清聴ありがとうございました。

## CHECK! 確認しよう

❶「クオッカは固い木の実、木の皮、葉を食べることが好きですか」

　教科書p.36の1～2行目参照。quokkas like hard nuts, bark and leavesとある。

**❷「なぜクオッカは笑っているように見えるのですか」**

教科書p.36の2〜4行目参照。the muscles at the corners of their mouths develop.  So, quokkas look like they are smiling. とある。

## TALK! 話してみよう

**「私は 友達のジョーク／おいしい食べ物／晴れた空／人々のやさしさ だと思います」**

マイクの質問は「何があなたを幸せにしますか」。自分を幸せにするものを答える。

## WORD BUILDER 語彙力をつけよう

### 動物の動作・行動を表す語

| 動作を表す語 | 動作・行動 |
|---|---|
| crawl [クロール] | (手足を地面につけて) はう、はって行く |
| groom [グルーム] | 〜の手入れをする、毛づくろいをする |
| lick [リク] | 〜をなめる、なめ回す |
| peck [ペク] | (鳥などが) くちばしで (〜を) つつく、ついばむ |
| sniff [スニフ] | くんくんにおいをかぐ |
| waddle [ワドル] | (アヒルなどが体を揺らしながら) よちよち [のっしのっし] 歩く |
| yawn [ヨーン] | あくびをする、口を大きく開けている |

**例文の和訳**

私は昨日動物園に行きました。2匹の猿が互いに毛づくろいをしていました。また、鳥が木をつついていました。とても楽しかったです！

## SUM UP! 要約しよう

**●「彼らはかつては西オーストラリア州に広く (❶)」** 教科書p.34の1〜2行目にQuokkas once widely inhabited Western Australia. とある。

● 「しかし、人間や他の動物からの（❷）が原因で、彼らの生息数が減りました」
教科書p.34の2〜5行目に their numbers decreased の原因として human
cultivation と Other animals からの attacked があげられている。これらは9行
目では<u>threat</u> from humans or animals と表現されている。

● 「よく発達した口角の筋肉のため、クオッカには魅力的な（❸）があります」
教科書p.36の2〜4行目に the muscles at the corners of their mouths develop.
So quokkas look like they are <u>smiling</u>. とある。

● 「彼らは『世界で（❹）動物』と呼ばれています」　教科書p.36の4〜5行目に
That's why they are called "the <u>happiest</u> animals in the world." とある。

**語句**　いちばん幸せな　　脅威　　笑顔　　〜にすんでいた

## PRACTICE! 練習しよう

**1.〈make＋名詞（人など）＋動詞の原形〉を使って、何が自分をどのような気
持ちにさせるかを英語で述べる問題**

**例**〔"The Rose"〕
My favorite song "The Rose" was written for a movie.  In
the movie, Rose, a singer, became very famous.  However,
she had many troubles, so the song **makes me cry**.  On
the other hand, the song tells of hope, so it also **makes
me feel** happy.

● 〈make＋名詞（人など）＋動詞の原形〉は「（人など）に（本人の意志とは
関係なく）〜させる」という意味を表す。このmakeを使役動詞という。

● however「しかしながら」は逆接を表し、前述の内容とhoweverに
続く内容を対照させるときに使う。

● on the other handは「その一方で」という意味で、前述の内容と対
比させたり、話を転換するときに使う。

訳　私のいちばん好きな歌『ローズ』は、映画のために書かれました。そ
の映画の中で、歌手のローズはとても有名になりました。しかしなが
ら、彼女にはいくつもの困難がありました、だからその歌は私を泣か
せます。その一方で、その歌は希望を伝えるので、私を幸せに感じさ
せもします。

**2.知覚動詞や使役動詞を使って、見たり聞いたりしたことを伝える問題**

**例** I walk to the station every morning.  This morning, I

**watched** a group of children **crossing** the street.  They bowed to a car for stopping.  Also, I saw a beautiful blue sky when I looked up.  It made me feel good.

- 〈watch＋人など＋doing ...〉は「人などが…しているのを見る」という意味。名詞のあとが現在分詞なので、通りを横断するという行為の一部を見たことになる。
- 第4文のsawは単に「～を見た」という意味。
- 第4文のwhenは「～する［した］ときに」を表す接続詞。
- look up「見上げる」
- 訳 私は毎日駅まで歩いていきます。今朝、私は子どもの集団が通りを横断しているのを見ました。彼らは止まってくれた車におじぎをしました。また、私は見上げたときに、美しい青空を見ました。それは私をよい気分にしました。

## 3．夏休みの計画を聞き取る音声問題

**Mike:** What are you planning for this summer vacation, Yui?
**Yui :** I'm going to Canada for three weeks to study English.  My parents let me join a homestay program.
**Mike:** That's wonderful!  I'm sure you'll have a great time.
**Yui :** Thank you.  How about you?
**Mike:** I'll have a soccer camp for a week.  If I have time, I hope to visit a hot spring, or *onsen*, with my friends.
**Question:** What is Yui planning to do this summer?

聞き取りのポイント

　第1文のplanは「～を計画する」という意味の動詞である。マイクのWhat are you planning for this summer vacation, Yui?と質問のWhat is Yui planning to do this summer?はどちらも結衣の夏休みの計画をたずねる文で、ほぼ同じ意味を持っている。結衣の計画は第2文に読まれるI'm going to Canada for three weeks to study English.である。I'm going to Canadaは現在進行形で、確定した近い未来を表す。

マイク：夏休みに何を計画しているの、結衣。
結衣　：英語を勉強するために3週間カナダへ行くの。両親がホームステイプ

ログラムに参加させてくれたのよ。
マイク：それは素晴らしい！　きっと楽しい時を過ごすだろうね。
結衣　：ありがとう。あなたはどうなの？
マイク：ぼくはサッカーの合宿が1週間あるんだ。時間があれば、友達とホッ
　　　　トスプリング、つまり温泉を訪ねたいね。
質問：結衣はこの夏に何をする予定ですか。

### 語句
☆attractive [ətrǽktiv アトラ**ク**ティヴ] 形「魅力的な」
☆well-developed [wèldivéləpt ウェルディ**ヴェ**ロプト] 形「十分に発達した」
☆trouble [trʌ́bl ト**ラ**ブル] 名「トラブル、体の不調」

## |||||||||||| CHALLENGE YOURSELF! ||||||||||||

### 1．新聞記事の内容を把握しよう。
❶　The koala's diet:
・The koala is one of the few animals that can digest eucalyptus.
・Eucalyptus leaves contain a deadly poison.
❷　Eucalyptus nutrient circulation:
・Koala droppings contain eucalyptus nutrients.
・Plants grow, and insects, kangaroos and other animals gather around them.
❸　Koalas support biodiversity:
・The ecosystem becomes resistant to disaster and the area becomes popular with tourists.  Let's protect koalas!
● a deadly poison「致命的な毒」
● insect「昆虫」
● resistant to ～「～に強い、抵抗がある」

和訳

❶　コアラの食事：
・コアラはユーカリの木を消化することのできる数少ない動物の1つです。
・ユーカリの木の葉は致命的な毒を含んでいます。
❷　ユーカリの木の栄養循環：
・コアラの糞はユーカリの木の栄養素を含んでいます。

・植物は育ち、昆虫、カンガルーやほかの動物がその周りに集まります。
❸  コアラが生物多様性を支援する：
・生態系が大災害に強くなり、その地域は観光客に人気が出ます。コアラ
  を保護しましょう！

## 2. 記事を完成させる提案書を書こう。

My choice：❶ (Why Protect Koalas / Koala Droppings /
Biodiversity)
Reason(s)：The writer tells us about the koala's diet, eucalyptus
nutrient ❷＿＿＿＿＿＿＿＿＿＿＿ , and biodiversity in each section
to explain the importance of protecting koalas.  And I think the
title, ❶＿＿＿＿＿＿＿＿＿＿＿ , is good, because it ❸＿＿＿＿＿
＿＿＿＿＿＿＿＿＿＿ . ❹＿＿＿＿＿＿＿＿＿＿＿＿＿＿ I'd like to
recommend the above title.

● どのタイトルを選んでもつじつまのあう提案書ができる。
● 自分の選択の理由を、because it に続けて簡潔に述べる。

和訳

私の選択：❶（なぜコアラを保護するか／コアラの糞／生物多様性）
理由：筆者はコアラを保護することの重要性を説明するために各欄で、コアラ
の食事、ユーカリの木の栄養❷＿＿＿＿＿＿＿＿、そして生物多様性について
私たちに伝えています。そして私は、タイトル❶＿＿＿＿＿＿＿＿＿＿＿は
よいと思います、なぜならそれは❸＿＿＿＿＿＿＿＿＿＿＿＿＿＿から
です。
❹＿＿＿＿＿＿＿＿＿＿＿＿＿＿＿からです。私は上のタイトルをお勧めし
たいと思います。

❸ *読者の興味をひく　*明確である　*新聞記事の見出しのようである

語句
☆ diet [dáiət ダイエト] 图「日常の食物、食事」
☆ digest [dədʒést ディヂェスト] 動「～を消化する」
☆ eucalyptus [jùːkəlíptəs ユーカリプタス] 图「ユーカリの木」

☆ deadly [dédli デドリ] 形「致命的な」

☆ nutrient [njúːtriənt ニュートリアント] 名「栄養物、栄養素」

☆ circulation [sə̀ːrkjəléiʃən サーキュレイション] 名「循環」

☆ droppings [drápiŋz ドラピングズ] 名「(動物・鳥の) 糞」

☆ biodiversity [bàioudəvə́ːrsəti バイオウディヴァースィティ] 名「生物多様性」

☆ ecosystem [íːkousistəm イーコウスィステム] 名「生態系」

☆ resistant [rizístənt リズィスタント] 形「抵抗がある」

☆ attract [ətrǽkt アトラクト] 動「〜を引きつける」

☆ conclusion [kənklúːʒən コンクルージョン] 名「結論」

---

テキストを
読んでみよう

**READ ON!**

教科書p.40

## Platypuses
プラティパスィズ

Platypuses live in Australia and they are mammals. ↘ // Usually,
マ マルズ

mammals bear babies and raise them with milk. ↘ // In contrast,
ベア　　　　　　　　　　　　　　　　　　　　　　　　　　　　　　カントラスト

platypuses lay eggs. ↘ // The eggs hatch in about ten days, then

mothers give milk to their babies. ↘ // Scientists say that this was

common for ancient mammals. ↘ // In other words, platypuses are
カモン　　　　　エインシェント

"living fossils." ↘//
　　ファスィルズ

Australia is isolated from other continents and platypuses could
　　　　　　　アイソレイテド

escape from many enemies. ↘ // In addition, they live in rivers for
　　　　　　　　エネミズ

protection, so platypuses have survived until today. ↘//
プロテクション　　　　　　　　　　　　　　　サヴァイヴド

## ▌ **Platypuses「カモノハシ」**

platypus [plǽtipəs プラティパス] 图「カモノハシ」

## ▌ **Platypuses live in Australia and they are mammals.**
▌ **「カモノハシはオーストラリアに生息し、哺乳動物です」**

mammal [mǽməl ママル] 图「哺乳動物」

● カモノハシはオーストラリアの東部にのみ生息している珍しい動物である。4本の足としっぽがあり、体は毛でおおわれていて哺乳類の特徴が備えられている。一方でくちばし、水かきなど鳥類の特徴もある。卵生だが授乳をすることから、哺乳類に分類され、原始的な哺乳類に近い生き物だと考えられている。

## ▌ **Usually, mammals bear babies and raise them with milk.**
▌ **「通常、哺乳動物は赤ちゃんを産み、乳で育てます」**

bear [béər ベア] 動「〜を産む」

● 哺乳（乳を飲ませて子を育てること）する動物が哺乳類に分類されている。

## ▌ **In contrast, platypuses lay eggs.**
▌ **「対照的に、カモノハシは卵を産みます」**

contrast [kántræst カントラスト] 图「対照」

● in contrast「対照的に、それにひきかえ」 哺乳動物でありながら卵を産むので「対照的に」と言っている。

## ▌ **The eggs hatch in about ten days, then mothers give milk to their babies.**
▌ **「卵は10日ほどでかえり、そうすると母親が赤ちゃんに乳を与えます」**

● hatch「（卵からひなが）かえる」

## ▌ **Scientists say that this was common for ancient mammals.**
▌ **「科学者は、これは古代の哺乳動物にはよくあることだったと言います」**

common [kámən カモン] 形「ふつうの、共通の」

ancient [éinʃənt エインシェント] 形「古代の、遠い昔の」

● thisは前出の「哺乳類でありながら卵を産み、赤ちゃんが産まれると授乳すること」を指す。

## In other words, platypuses are "living fossils."
**「言いかえると、カモノハシは『生きた化石』です」**

fossil [fásəl ファスィル] 图「化石」
- in other words「言いかえると」
- living「生きている」

## Australia is isolated from other continents and platypuses could escape from many enemies.
**「オーストラリアは他の大陸から離れていて、カモノハシは多くの天敵から逃れることができたのです」**

isolate [áisəlèit アイソレイト] 動「～を孤立させる」
enemy [énəmi エネミ] 图「敵」
- be isolated from ～「～から孤立［隔絶、分離］した」
- escape from ～「～から逃げる、逃れる」

## In addition, they live in rivers for protection, so platypuses have survived until today.
**「さらに、彼らは保護下にある川で暮らしているので、カモノハシは今日まで生き残っているのです」**

protection [prətékʃən プロテクション] 图「保護、防御」
survive [sərváiv サヴァイヴ] 動「生き残る」
- in addition「そのうえ、さらに」
- カモノハシは自然保護区や国立公園を流れる川に生息している。

和訳

### カモノハシ

　カモノハシはオーストラリアに生息し、哺乳動物です。通常、哺乳動物は赤ちゃんを産み、乳で育てます。対照的に、カモノハシは卵を産みます。卵は10日ほどでかえり、そうすると母親が赤ちゃんに乳を与えます。科学者は、これは古代の哺乳動物にはよくあることだったと言います。言いかえると、カモノハシは『生きた化石』です。

　オーストラリアは他の大陸から離れていて、カモノハシは多くの天敵から逃れることができたのです。さらに、彼らは保護下にある川で暮らしているので、カモノハシは今日まで生き残っているのです。

# LESSON 4 Designing Stamps

デザイニング　スタンプス　　　　　　　第4課　切手デザイン

切手デザイナーという職業を知っていますか？　切手デザインの仕事とは、また
その魅力とはどのようなものなのでしょうか？

## テキストを読んでみよう①

教科書p.44

Emma　：Could you tell me about your job? ↗//

Tamaki：Sure. ↘// In Japan, from 40 to 50 special stamp designs

　　　　　are released every year, and we create all of them. ↘//
　　　　　　　　　リリースト

Emma　：That's amazing! ↘//

Tamaki：It usually takes three to four months to design a stamp. ↘//

Emma　：Oh, that long! ↘// Is it difficult to make a picture in such a

　　　　　tiny space? ↗//
　　　　　タイニ

Tamaki：Actually, we draw on A4-size paper. ↘//
　　　　　アクチュアリ

Emma　：I didn't know that. ↘//

### 語句・文の研究

**In Japan, from 40 to 50 special stamp designs are released
every year, and we create all of them.**
「日本では、毎年40～50種類の特殊切手のデザインが発売され、私たちがそ
れらすべてを作り出しています」

　　special stamp「特殊切手」
　　release [ríːls リリース] 動「～を発売する」
　● create「～を作り出す」
　● special stamp とは普通切手以外の記念切手などを指す。特殊切手の主
　　な役割は日本文化を紹介することで、「観光シリーズ」「文化財シリーズ」
　　「生き物シリーズ」「民話・童謡シリーズ」などがある。

**It usually takes three to four months to design a stamp.**
**「1枚の切手をデザインするのに、たいてい3〜4か月かかります」**

　　It takes 〜 to ...「…するのに〜 (時間) がかかる」
　　three to four months「3〜4か月」
　　● 「…することは〜だ」はIt 〜 to do ....で表す。「…するのに〜 (時間) が
　　　かかる」という場合は〈It takes ＋所要時間＋ to ＋動詞の原形 (する内
　　　容).〉の形になる。

**Oh, that long!**
**「おお、そんなに長くかかるのですか！」**

　　that「そんなに」
　　● このthatは副詞で、〈that ＋形容詞／副詞〉の形で「そんなに〜だ」を
　　　意味する。Oh, that long! はOh, it takes that long! のit takesを省略し
　　　たもの。

**Is it difficult to make a picture in such a tiny space?**
**「そのようなとても狭い場所に絵柄を描くのは難しいですか」**

　　make a picture「(芸術的な) 絵を描く」
　　tiny [táini タイニ] 形「とても小さい、狭い」
　　such〜「そんな〜、それほどの〜」
　　● It is 〜 to do ....「…することは〜だ」を疑問文にした形。
　　● such a tiny space「そのようなとても小さい場所」は、切手の大きさを指す。

**Actually, we draw on A4-size paper.**
**「実は、A4判の紙に描きます」**

　　actually [ǽktʃuəli アクチュアリ] 副「実は」
　　A4-size paper「A4判の紙」(210×297ミリ)
　　● actually「実は」 想像と異なることや知らなかった事実について「実
　　　は〜なのです」と言うときに用いる。

和訳

エマ　　：あなたの仕事について教えてくださいませんか。
玉木さん：もちろんいいですよ。日本では、毎年40〜50種類の特殊切手のデ
　　　　　ザインが発売され、私たちがそれらすべてを作り出しています。
エマ　　：それはすごいですね！
玉木さん：1枚の切手をデザインするのに、たいてい3〜4か月かかります。
エマ　　：おお、そんなに長くかかるのですか！　そのようなとても小さな場

所に絵柄を描くのは難しいですか。

玉木さん：実は、A4判の紙に描きます。

エマ　　：そのことを知りませんでした。

## CHECK! 確認しよう

❶ **「日本ではいくつの特殊切手のデザインが毎年発売されますか」**

教科書p.44の2〜3行目参照。In Japan, from 40 to 50 special stamp designs are released every yearとある。

❷ **「切手をデザインするのに、ふつう1か月かかりますか」**

教科書p.44の6〜7行目参照。It usually takes three to four months to design a stamp.とある。

## TALK! 話してみよう

❶ **「はい、あります／そうでもありません」**

エマの質問は「あなたは切手の収集に興味がありますか」。YesまたはNot really.で答える問題。

❷ **「私は、 楽しそうだ／かっこうがよさそうだ／お金がかかる／時間がかかる と思います」**

エマの質問は「なぜですか」。切手収集に興味がある［ない］理由を答える。

## STUDY IT! ことばのしくみを学ぼう

### 「…することは〜だ」を表す言い方 ― It is 〜 to do .... 〈形式主語it〉

▶ 〈It is ＋形容詞＋to do ....〉

itの内容

**It** is difficult **to be a stamp designer**.

形式主語　　　　　　　意味上の主語　　（切手デザイナーになることは難しいです）

● 形式主語itに「それは」という意味はない。

● 形式主語の内容はto do ...を指す。

To be a stamp designer is difficult.と同じ意味を持つ。

主語

英語では主語が長くなるのを好まないので、形式主語itに置き換えて It is 〜 to do ....の形にされている。

▶ 〈It＋動詞＋to do ....〉

**It** takes thirty minutes **to finish** this job.

it の内容

形式主語　　　　　　　　　意味上の主語　　（この仕事を終えるのに30分かかります）

**DRILL**

❶ 「大切な／とても一生懸命に英語を勉強する」
  ● 〈It is＋形容詞＋to＋動詞の原形....〉「…することは〜だ」の文にする。
❷ 「難しい／その問題を解決する」
  ● 〈It is＋形容詞＋to＋動詞の原形....〉「…することは〜だ」の文にする。

## テキストを読んでみよう②　　　　　　　　教科書p.46

Emma : Which project is the most memorable for you?↘//

Tamaki : I designed special stamps to get donations for people who
ドウネイションズ

suffered in the Great East Japan Earthquake.↘// We tried
サファド　　　　　　　　　　　アースクウェイク

to create heart-warming images.↘///
ハートウォーミング　　イミヂズ

Emma : How encouraging!↘//
インカーリヂング

Tamaki : Thanks.↘// But it was a tough job as I had only ten days
タフ

to complete the designs.↘//
コンプリート

Emma : What made you rush?↘//

Tamaki : We thought it important to collect funds quickly to help the
ファンズ

victims.↘//
ヴィクティムズ

**I designed special stamps to get donations for people who suffered in the Great East Japan Earthquake.**
**「私は東日本大震災で苦しむ人への寄附金を集めるために特殊切手をデザインしました」**

> donation [dounéiʃən ドウネイション] 图「寄附金」
> suffer [sʌ́fər サファ] 動「苦しむ、損害を受ける」
> earthquake [ə́ːrθkwèik アースクウェイク] 图「地震」
> the Great East Japan Earthquake「東日本大震災」 2011年3月11日に三陸沖を震源地とするマグニチュード9.0の地震が発生した。日本国内では観測史上最大の地震である。

**We tried to create heart-warming images.**
**「私たちは心温まるイメージを作り出そうとしました」**

> try to ～「～しようとする」
> heart-warming [háːrtwɔ̀ːrmiŋ ハートウォーミング] 形「心温まる」
> image [ímidʒ イミヂ] 图「イメージ、画像」

**How encouraging!**
**「なんと元気づけられることでしょう！」**

> encouraging [inkə́ːridʒiŋ インカーリヂング] 形「元気づける、励みとなる」
> ● 〈How ＋形容詞／副詞（＋主語＋動詞）!〉は「（～は）なんと～なのでしょう」と感心してほめたたえるときに用いる文。感嘆文という。

**But it was a tough job as I had only ten days to complete the designs.**
**「しかし、そのデザインを完成するのにたった10日しかなかったので、大変な仕事でした」**

> tough [tʌ́f タフ] 形「大変な、タフな」
> as ～「～なので」 理由を表す接続詞。
> complete [kəmplíːt コンプリート] 動「～を完成する」
> ● itは3～5行目の、東日本大震災で苦しむ人への寄附金を集めるために特殊切手をデザインした仕事を指す。

**What made you rush?**
**「何があなたたちを急がせたのですか」**

- このrushは「急ぐ」という意味。
- makeは使役動詞で、〈make + 人など + 動詞の原形〉の形で「人などに〜させる」という意味を表す。「何が〜させた」とたずねる疑問文はwhatが主語になるため、〈What + made + 目的語 + 動詞の原形〜?〉の語順になる。Whatで始まる疑問文ではあるが実際は理由をたずねており、「なぜあなたたちは急いだのですか」とほぼ同じ意味を表す。

## We thought it important to collect funds quickly to help the victims.
## 「私たちは被災者を助けるために、すばやく資金を集めることが大切だと思ったのです」

fund [fʌ́nd ファンド] 图 「資金」
victim [víktəm ヴィクティム] 图 「被災者」

- quickly「すばやく、速く」
- 直前のWhat made you rush?に対する答えの文。なぜ急いでその特殊切手のデザインを完成させたのか、理由を述べている。
- 〈主語 + think + it + 形容詞 + to + 動詞の原形...〉の文。itは形式目的語で、to以下の内容を指す。

和訳

エマ 　　：あなたにとっていちばん忘れられないのはどの企画ですか。
玉木さん：私は東日本大震災で苦しむ人への寄附金を集めるために特殊切手をデザインしました。私たちは心温まるイメージを作り出そうとしました。
エマ 　　：なんと元気づけられることでしょう！
玉木さん：ありがとう。しかし、そのデザインを完成するのにたった10日しかなかったので、大変な仕事でした。
エマ 　　：何があなたたちを急がせたのですか。
玉木さん：私たちは被災者を助けるために、すばやく資金を集めることが大切だと思ったのです。

## CHECK! 確認しよう

❶「東日本大震災の切手デザインを完成させることは簡単な仕事でしたか」

教科書p.46の8行目参照。it was a tough jobとある。itは3〜5行目のI designed special stamps to get donations for people who suffered in the Great East Japan Earthquake. を指す。

**❷**「なぜ玉木さんは急いで切手を作成する必要があったのですか」

教科書 p.46 の 11〜12 行目参照。We thought it important to collect funds quickly to help the victims. とある。

## TALK! 話してみよう

「ピカチュウ／スヌーピー／ミッフィー／ドラえもん／ハローキティ です」

エマの質問は「どれ [どちら] のものですか」。one は直前の anime character を指す。自分が好きなアニメの登場人物を答える。

## STUDY IT! ことばのしくみを学ぼう

### 「…することが〜だと思う」を表す言い方 ― think it 〜 to do …
〈形式目的語 it〉

〈主語 S + 動詞 V + 目的語 O（=it）+ 補語 C + to do 〜.〉で「S は〜することは…だと V する」という意味を表す。

to do 〜が it の内容を表す

I think it important to read many books.
S   V   O   C          to ＋動詞の原形

(私は多くの本を読むことは大切だと思います)

▶ この it を形式目的語という。「それは」という意味はない。

▶ it は to do 〜の内容を指す。

▶ 次の 2 つの文の違いに注意しよう。

I think it difficult to do the job in a day.          it は形式目的語
S   V   O   C          to ＋動詞の原形

(私は《自分が》一日でその仕事をすることは難しいと思います)

I think it is difficult to do the job in a day.          it は形式主語
it が指す内容

S   V                    O

(私は《一般的に》1 日でその仕事をすることは難しいと思います)

▶ この言い方に用いられる動詞には、think のほか、find、make などがある。

I found it interesting to study science.

(私は理科の勉強をすることはおもしろいことがわかりました)

His advice made it easy to solve the problem.
（彼の助言はその問題を解決することを容易にしました）

**DRILL**

❶ 「私はわかりました（難しい／理解すること／it）その物語を」
 ● 〈I found + it + 形容詞 + to do ～.〉「～することは…だとわかった」の文にする。
❷ 「私は思いました（登ること／危険な／it）その山に」
 ● 〈I thought + it + 形容詞 + to do ～.〉「～することは…だと思った」の文にする。
❸ 「その強い風は（it／歩くこと／不可能な）にしました」
 ● 〈The strong wind made + it + 形容詞 + to do ～.〉「…は～することを—にした」
 の文にする。

### テキストを読んでみよう③　　　教科書p.48

Emma : What has encouraged you to work as a stamp designer for over 30 years?↘//

Tamaki : Stamps introduce the culture, history and nature of each country.↘// It's an honor to be involved in the process of making such "small diplomats."↘// I hope my designs are interesting and attractive.↘// I'll keep making designs that people enjoy.↘//

Emma : Thank you so much.↘// We're looking forward to your next stamps.↘//

### 語句・文の研究

**What has encouraged you to work as a stamp designer for over 30 years?**

**「何があなたを30年以上もの間切手デザイナーとして働く気にさせ続けているのですか」**

as 〜「〜として」

- What が主語、has encouraged が動詞の現在完了形の文。「ずっと〜し続けている」という継続を表す。
- encourage「〜を勇気づける」〈encourage + 人など + to do 〜〉は「人などを〜する気にさせる」という意味を表す。
- What has encouraged you to 〜? は「何があなたを〜するようにさせ続けているのですか」という意味で、理由をたずねている。「あなたはなぜ〜し続けているのですか」と同意である。
- for over 〜「〜以上の間」

**Stamps introduce the culture, history and nature of each country.**
**「切手は各々の国の文化、歴史、自然を紹介します」**

introduce [intrədjúːs イントロデュース] 動「〜を紹介する」
history [hístəri ヒストリ] 名「歴史」

- nature「自然」

**It's an honor to be involved in the process of making such "small diplomats."**
**「そのような『小さな外交官』を作る過程に参加するのは名誉なことです」**

honor [ánər アナ] 名「名誉、光栄」
involved [inválvd インヴァルヴド] 形「関わりを持つ」
be involved in 〜「〜に参加する、〜に関わる」
process [práses プラセス] 名「過程、プロセス」
diplomat [dípləmæt ディプロマト] 名「外交官」

- It is 〜 to do ....「…するのは〜だ」の文。
- small diplomats「小さな外交官」 stamps を言いかえたもの。切手には日本の歴史、文化、スポーツ、食べ物、自然、芸術、乗り物などありとあらゆるものがデザインされている。切手を通してその国の文化や国民性が伝わることから、切手は「小さな外交官」と言われる。

**I hope my designs are interesting and attractive.**
**「私は、自分のデザインが興味深く、魅力的であるとよいと思います」**

- I hope 〜.「私は〜だとよいと思う」

● attractive「魅力的な」

## I'll keep making designs that people enjoy.
## 「私は人々が楽しむデザインを作り続けます」

keep 〜ing「〜し続ける」

● I'll 〜.「私は〜するつもりです」 意思を表す文。

● designs that people enjoy「人々が楽しむデザイン」 thatは関係代名詞目的格。that people enjoy がdesignsを修飾している。

## Thank you so much.
## 「どうもありがとうございました」

● Thank you so much. はThank you very much. よりもカジュアルな表現。

## We're looking forward to your next stamps.
## 「私たちはあなたの次の切手を楽しみにして待っています」

look forward to 〜「〜を楽しみにして待つ」

● we は自分を含む聴取者を指す。I'm[We're] looking forward to 〜は手紙やインタビューなどの文の終わりに入れる常套句のように使われることがよくある。

● look forward to のto は前置詞なので、直後に名詞がくる。to に動詞が続くときは-ing形にする必要がある。

| 和訳 |
| --- |

| | |
| --- | --- |
| エマ | ：何があなたを30年以上もの間切手デザイナーとして働く気にさせ続けているのですか。 |
| 玉木さん | ：切手は各々の国の文化、歴史、自然を紹介します。そのような『小さな外交官』を作る過程に参加するのは名誉なことです。私は、自分のデザインが興味深く、魅力的であるとよいと思います。私は人々が楽しむデザインを作り続けます。 |
| エマ | ：どうもありがとうございました。私たちはあなたの次の切手を楽しみにして待っています。 |

## CHECK! 確認しよう

❶ 「玉木さんは切手デザイナーとして30年間以上働き続けていますか」

教科書p.48の1〜2行目参照。What has encouraged you to work as a stamp designer for over 30 years? とある。

## ❷「なぜ切手は『小さな外交官』と呼ばれるのですか」

教科書 p.48 の 3 〜 4 行目参照。Stamps introduce the culture, history and nature of each country. とある。

---

**TALK!** 話してみよう

「私は 国立公園／サクラの花／伝統的な食べ物／すもう をデザインするでしょう」

エマの質問は「あなたはどんな種類の切手のデザインを作るでしょうか」。would は婉曲的な表現で、「あなただったら〜するでしょうか」というやんわりとした質問である。自分だったら何をモチーフにしてデザインを描くだろうかを答える。

---

**WORD BUILDER** 語彙力をつけよう

### さまざまな職業を表す語句

| 語句 | 職業 |
|---|---|
| architect<br>［アーキテクト］ | 建築家 |
| astronaut<br>［アストラノート］ | 宇宙飛行士 |
| carpenter<br>［カーパンタ］ | 大工 |
| dentist<br>［デンティスト］ | 歯科医 |
| fashion designer<br>［ファシャン ディザイナ］ | ファッションデザイナー |
| flight attendant<br>［フライト アテンダント］ | 客室乗務員 |
| interpreter<br>［インタープリタ］ | 通訳者 |
| judge<br>［ジャヂ］ | 審判員、鑑定家 |
| lawyer<br>［ローヤ］ | 弁護士 |
| librarian<br>［ライブレアリアン］ | 図書館員、司書 |
| mayor<br>［メイア］ | 市長、町長 |

| pet groomer<br>[**ペト グルーマ**] | ペットトリマー |
|---|---|
| pharmacist<br>[**ファーマスィスト**] | 薬剤師 |
| veterinarian [vet]<br>[ヴェテリ**ネ**アリアン][**ヴェット**] | 獣医 |

例文の和訳

私は子どものとき、ペットトリマーになりたいと思っていました。しかし、今は獣医になりたいです。私のペット犬が病気になったとき、獣医さんが助けてくれました。私も動物を助けたいです。

## SUM UP! 要約しよう

● **「1枚の切手をデザインするのに、ふつうは3〜4か月 (❶)」** 　教科書p.44の6〜7行目に It usually <u>takes</u> three to four months to design a stamp. とある。
● **「彼が東日本大震災の被災者のために特殊切手をデザインしたとき、彼は被災者へのお金をすばやく (❸) ために、ちょうど10日でデザインを (❷)」** 　教科書p.46の8〜9行目に I had only ten days to <u>complete</u> the designs とある。11〜12行目には We thought it important to <u>collect</u> funds quickly to help the victims. とある。
● **「切手は各国の文化、歴史、そして自然を (❹)」** 　教科書p.48の3〜4行目に Stamps <u>introduce</u> the culture, history and nature of each country. とある。

語句 　～を集める　～を紹介する　（時間などが）かかる　～を完成させた

## PRACTICE! 練習しよう

### 1．It is 〜 to do .... を使って英語学習についての考えを述べる問題

例　あなた：What do you think about learning English?

友だち：**It's** important **to** memorize many words.　What do you think?

あなた：**It's** challenging **to** give a presentation in English, but I enjoy doing it.

友だち：How do you think we can improve English listening?

あなた：**It's** useful **to** chat with English teachers.

- What do you think about ～?は「あなたは～についてどう思いますか」とたずねる文。
- 〈It is ～ to do ....〉は「…することは～だ」を意味する。Itは形式主語で「それは」という意味はなく、to do ...の内容を指す。
- give a presentation「プレゼンテーションをする、提示する」
- in English「英語で」
- How do you think we can improve English listening?「あなたは、私たちはどのように英語のリスニングを向上させることができると思いますか」 How can we improve English listening?「私たちはどのように英語のリスニングを向上させることができるか」に do you think「あなたは思いますか」を挿入した文。thinkのあとはふつうの文の語順になる。

訳 あなた：あなたは英語を習うことについてどう思いますか。
　　友だち：多くの語を暗記することが大切です。あなたはどう思いますか。
　　あなた：英語でプレゼンテーションをするのはやりがいがあると思いますが、私はそれを楽しんでいます。
　　友だち：あなたは、私たちはどのように英語のリスニングを向上させることができると思いますか。
　　あなた：英語の先生とおしゃべりすることは役に立ちます。

## 2．think[find/ feel] it ～ to do ...を使って自分の考えを述べる問題

例 I sometimes help at home.  I **find it** fun **to** cook for my family.  I **feel it** my duty **to** wash the dishes, too.  I'd like to help my family as much as possible.

- 〈find it ～ to do ...〉は「…することは～だとわかる」という意味を表す。itは形式目的語で、to cook for my familyを指す。
- 〈feel it ～ to do ...〉は「…することは～だと感じる」という意味を表す。itは形式目的語で、to wash the dishesを指す。
- as much as possible「できるだけ、できる限り」

訳 私はときどき家で手伝いをします。私は家族のために料理することが楽しいことがわかります。また、皿を洗うことは私の義務であるとも感じています。私はできる限り家族を手伝いたいと思います。

## 3．料理の作り方を聞き取る音声問題

スクリプト

It is easy to cook this dish.  First, heat oil in a frying pan.

Next, add chopped onion and ham.  Fry for a minute.  Then add beaten eggs to the frying pan.  After that, add cooked rice and fry everything for a few minutes.  Finally, add salt and pepper to taste.  Please try it!

**Question:** Which dish can you make now?

聞き取りのポイント

　質問のWhich dish can you make now?は「（説明を聞いた）今、あなたはどの料理を作ることができますか」という意味。
- heat「〜を熱する」
- add「〜を加える」
- chopped onion and ham「細かく刻んだタマネギとハム」
- fry「いためる、揚げる」
- beaten egg「溶き卵」
- salt and pepper「塩とコショウ」
- to taste「好みにあわせて」

スクリプト訳

　この料理を作ることは簡単です。最初に、フライパンに油を引いて加熱します。次に細かく刻んだタマネギとハムを加えます。1分いためます。それから溶き卵をフライパンに加えます。その後、ご飯を加え、すべてを数分間いためます。最後に、お好みで塩とコショウを入れてください。試してみてください！
　質問：今、あなたはどの料理を作ることができますか。

語句

☆memorize [méməràiz メモライズ] 動「〜を記憶する」
☆challenging [tʃǽləndʒiŋ チャレンヂング] 形「やりがいのある」
☆duty [djúːti デューティ] 名「義務」

IIIIIIIIIIIIII **CHALLENGE YOURSELF!** IIIIIIIIIIIIII

**1．切手の紹介文を書いてみよう。**

例　　When I was in junior high school, I started collecting stamps issued in Japan.  I often went to the post office to buy new stamps.  I like stamps because they show aspects of Japanese culture.

　　Among the three stamps here, I think the one with Mt. Fuji is the best.  It's because blue is my favorite color.  In addition, I think the design of the lake in front of Mt. Fuji fits the shape of the stamp.  I hope you like it, too.

- stamps issued in Japan「日本で発行された切手」 issue は「〜を発行する」という意味の動詞。〈名詞＋過去分詞〜〉で「〜された…」という意味を表す後置修飾の句である。
- the one with Mt. Fuji「富士山を模したもの」 one は stamp の代わりに用いられている代名詞。
- in addition「さらに、加えて」
- fit「（大きさや型が）〜に合う」

和訳

　　私は中学生のときに、日本で発行された切手の収集を始めました。私は新しい切手を買うために、しばしば郵便局へ行きました。切手は日本文化の側面を示しているので、私は切手が好きです。
　　ここにある3枚の切手のうち、私は富士山を模したものがいちばんよいと思います。青は私がいちばん好きな色だからです。さらに、富士山の前にある湖のデザインは切手の形に合っていると思います。あなたも気に入ってくれるといいと思います。

## 2．自分の考えや意見を言ってみよう。

　　A　　：Your presentation was very interesting.
　　あなた：❶_____.  I'm glad to hear that.
　　B　　：Do you use stamps very often?
　　あなた：(Yes / No), because ❷_____.
　　A　　：Do you collect anything else?
　　あなた：Actually, I (do / don't).  (I'm collecting / But I'm going to collect) ❸_____.

- ❶プレゼンテーションをほめられたお礼なので、フォーマルな表現でもよい。
- ❷の直前にBが「あなたはとても頻繁に切手を使うのですか」とたずねている。Yesで答えた人は頻繁に切手を使う理由を、Noで答えた人は切手を使わない理由を書く。

● ❸の直前でＡが「あなたはほかに何か集めていますか」と聞いている。
do「集めています」で答えた人は自分が集めているものを、don'tで答えた人は今後集める予定のものを答える。

> ❷ *私はよく手紙を書く　　*私は手紙よりもＥメールを送る
> ❸ *ぬいぐるみ　*Ｔシャツ　*スニーカー　*マグカップ　*文房具

和訳

A　　：あなたのプレゼンテーションはとてもおもしろかったです。
あなた：❶_____。それを聞いてうれしいです。
B　　：あなたはとても頻繁に切手を使うのですか。
あなた：(はい／いいえ)、なぜなら❷_____か
　　　　らです。
A　　：あなたは何かほかに集めていますか。
あなた：実は、(集めています／集めていません)。(私は／しかし私は)❸__
　　　　_____を(集めています／集めるつもりです)。

語句

☆issue [íʃuː イシュー] 動「〜を発行する」
☆aspect [ǽspekt アスペクト] 名「様相、側面」
☆Mt. [máunt マウント] 名「山」
☆stuffed [stʌ́ft スタフト] 形「詰めものをした」
☆mug [mʌ́g マグ] 名「マグカップ」
☆item [áitəm アイテム] 名「品目、アイテム」

テキストを
読んでみよう

READ ON!

教科書p.52

Expensive Stamps

A stamp of Queen Elizabeth released in 2012 had a face value
　　　　　　　クウィーン　　イリザベス　　　　　　　　　　　　　　ヴァリュー
of around 20,000 yen. ↘ // This is because a small diamond was

attached to it. ↘ // Do you think that's expensive? ↗ // Don't be
アタチト
surprised yet. ↘//

　In 2014, a one-cent stamp from British Guiana was bought at an
　　　　　　　　セント　　　　　　　　　　　　　ブリティシュ ガイアナ
auction for the price of almost 1 billion yen! ↘// Why did it have such
オークション　　　　　　　　　　　　　　ビリョン
a high price? ↘ // Because this stamp is the only one that exists

today from among the three made in 1856. ↘//

---

### 語句・文の研究

**▍ A stamp of Queen Elizabeth released in 2012 had a face value
▍ of around 20,000 yen.**
**▍「2012年に発売されたエリザベス女王の切手は、額面価格が約2万円もしました」**

Queen Elizabeth [kwíːn ilízəbəθ クウィーン イリザベス] 图「エリザベス女王」

value [vǽljuː **ヴァリュー**] 图「価格」

● face value「額面価格」

**▍ This is because a small diamond was attached to it.**
**▍「これは、小さなダイヤモンドがそれに付いていたからです」**

attach [ətǽtʃ アタチ] 動「～を取り付ける」

● This is because ～. 「これは～だからです」 because に続く〈主語＋
　動詞～〉が原因を表す。

**▍ Do you think that's expensive?**
**▍「あなたはそれは高価だと思いますか」**

● that は、ダイヤモンドが付いている切手が1枚約2万円もしたことを指す。

**▍ Don't be surprised yet.**
**▍「まだ驚いてはいけません」**

● 文末に yet「まだ」をつけることによって、「切手が約2万円もしたこと
　くらいで驚いてはいけない、さらに驚くべき話がある」いうニュアン
　スを表す。

**In 2014, a one-cent stamp from British Guiana was bought at an auction for the price of almost 1 billion yen!**
**「2014年、英領ガイアナから出品の1セント切手が、オークションでほぼ10億円の値段で落札されました！」**

> cent [sént セント] 图「セント」
> British Guiana [bríti∫ gaiǽnə ブリティッシュ ガイアナ] 图「英領ガイアナ」（南米のガイアナ共和国の旧称）
> auction [ɔ́:k∫ən オークション] 图「オークション」
> billion [bíljən ビリョン] 图「10億」

**Why did it have such a high price?**
**「なぜそれはそのような高値が付いたのでしょうか」**

> ● such a 〜「そのような〜」

**Because this stamp is the only one that exists today from among the three made in 1856.**
**「なぜならこの切手は、1856年に作られた3種類のうち、現存する唯一のものだからです」**

> ● exist「存在する、実在する」
> ● the only one that exists today「今日存在する唯一のもの (= 切手)」one は stamp を指す。that は主格の関係代名詞。

和訳

高価な切手

　2012年に発売されたエリザベス女王の切手は、額面価格が約2万円もしました。これは、小さなダイヤモンドがそれに付いていたからです。あなたはそれが高価だと思いますか。まだ驚いてはいけません。

　2014年、英領ガイアナから出品の1セント切手が、オークションでほぼ10億円の値段で落札されました！　なぜそれはそのような高値が付いたのでしょうか。なぜならこの切手は、1856年に作られた3種類のうち、現存する唯一のものだからです。

# LESSON 5 Mont-Saint-Michel

モン サン ミシェル　　　第5課　モン・サン・ミシェル

人気の世界遺産モン・サン・ミシェルは、幻想的な姿が印象的です。今ではだれでも気軽に行くことができますが、これまでにはさまざまな課題があったようです。

**テキストを読んでみよう①**　　　　　　　　　　教科書 p.56

Mont-Saint-Michel is a small island in northern France, but it's
モンサンミシェル
one of the world's most visited tourist spots. ↘// People have been
traveling there for centuries. ↘//
センチュリズ
There is an impressive abbey on top, and below that, there are
インプレスィヴ　　アビ　　　　　　　　　　ビロウ
other beautiful buildings covering the island. ↘ // It looks like the
whole island is floating on the sea. ↘//
ホウル　　　　フロウティング
The island and the bay became a World Heritage site in 1979. ↘//
ベイ

### 語句・文の研究

**Mont-Saint-Michel is a small island in northern France, but it's one of the world's most visited tourist spots.**
**「モン・サン・ミシェルはフランス北部の小さな島ですが、世界で最も訪問者が多い観光地の1つです」**
　　Mont-Saint-Michel [mɔ̀nsənmiʃél モンサンミシェル] 图「モン・サン・ミシェル」（フランス北部の小島）
　　France「フランス」（ヨーロッパ西部の共和国）
　　tourist spot「観光地」

**People have been traveling there for centuries.**
**「人々は何世紀もの間そこを訪問し続けています」**
　　century [séntʃəri センチュリ] 图「世紀、100年」
　　for centuries「何世紀もの間」

**There is an impressive abbey on top, and below that, there are other beautiful buildings covering the island.**
「てっぺんには印象的な大修道院があり、その下には、小島を覆うほかの美しい建物があります」

impressive [imprésiv インプ**レ**スィヴ] 形「印象的な」

abbey [ǽbi **ア**ビ] 名「大修道院」

below [bilóu ビ**ロ**ウ] 前「〜の下に」

● other beautiful buildings covering the island「小島を覆っている、ほかの美しい建物」「〜している…」を表す〈名詞＋現在分詞〜〉の後置修飾の句。

**It looks like the whole island is floating on the sea.**
「島全体が海に浮かんでいるように見えます」

It looks like 〜「〜のようだ」

whole [hóul **ホ**ウル] 形「全部の、全体の」

float [flóut フ**ロ**ウト] 動「浮く」

●〈look like＋主語＋動詞〜〉は「〈主語＋動詞〜〉のように見える」という意味を表す。

**The island and the bay became a World Heritage site in 1979.**
「その島と湾は1979年に世界遺産登録地になりました」

bay [béi **ベ**イ] 名「湾」

World Heritage site「世界遺産登録地」

1979＝nineteen seventy-nine

● Mont-Saint-Michel and the bay「モン・サン・ミシェルとその湾」としてユネスコの世界遺産（文化遺産）に登録された。the bayは「サン・マロ湾」を指す。

和訳

　モン・サン・ミシェルはフランス北部の小さな島ですが、世界で最も訪問者が多い観光地の1つです。人々は何世紀もの間そこを訪問し続けています。
　てっぺんには印象的な大修道院があり、その下には、小島を覆うほかの美しい建物があります。島全体が海に浮かんでいるように見えます。
　その島と湾は1979年に世界遺産登録地になりました。

## CHECK! 確認しよう

**❶ 「モン・サン・ミシェルは世界で最も訪問者が多い観光地の１つですか」**

教科書p.56の２〜３行目参照。it's one of the world's most visited tourist spotsとある。

**❷ 「その島と湾はいつ世界遺産登録地になりましたか」**

教科書p.56の９〜10行目参照。The island and the bay became a World Heritage site in 1979. とある。

## TALK! 話してみよう

**「私は てっぺんの印象的な大修道院／それの歴史／神秘的な外観 のためだと思います」**

ブラウン先生の質問は「何がそれほど多くの旅行者を引きつけるのですか。何か考えはありますか」。モン・サン・ミシェルの魅力を答える。

## STUDY IT! ことばのしくみを学ぼう

### 「(今まで) ずっと〜している」を表す言い方 — have been doing 〜
〈現在完了進行形〉

▶ have[has] been doing 〜

現在完了進行形は、「(今まで) ずっと〜している」と、過去のある時点から現在に至るまでの動作の継続を表す。

I **have been reading** a book since this morning.

ずっと〜している　　　　　　　　今朝から

(私は今朝からずっと本を読んでいます)

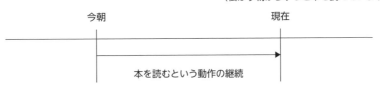

今朝　　　　　　　　　　　　　現在

本を読むという動作の継続

Emma **has been watching** a movie for two hours.

2時間

主語が3人称単数のときはhas been doing〜

(エマは2時間ずっと映画を見ています)

80

2時間前　　　　　　　　　　　　　　現在

映画を見るという動作の継続

▶現在完了形と現在完了進行形の違い

現在完了形　Tom **has studied** Japanese for three years.

〈have[has]＋過去分詞〉　　（トムは3年間日本語を勉強しています）

・現在完了形は、「日本語を勉強するという習慣が3年間続いている」という習慣の継続や、日本語の勉強に取り組んでいるという状態の継続を表す。

・文脈によっては、「3年間日本語を勉強したことがある」という過去の経験を表す文にもなり得る。

現在完了進行形

Tom **has been studying** Japanese for three hours.

〈have[has]＋been＋doing〜〉

（トムは3時間日本語を勉強しています）

・現在完了進行形は、「日本語を勉強するという行為が3時間続いている」という現在も続いている動作や行為の継続を表す。

**DRILL**

❶「雪が降っています」「昨夜から」

● 〈主語＋has been doing 〜 since ...〉「…からずっと〜している」の文にする。

❷「私たちは話をしています」「3時間」

● 〈主語＋have been doing 〜 for ...〉「…の間ずっと〜している」の文にする。

❸「兄[弟]はテレビを見ています」「一日中」

● 〈主語＋has been doing 〜 all day.〉「一日中ずっと〜している」の文にする。

**テキストを読んでみよう②**　　　　　　　　　　　　　教科書p.58

It is said that, in the 8th century, the Archangel Michael visited a

アークエインヂェル　マイケル

bishop in a dream. ↘ // He told the bishop to build a small church

ビショップ　　　　　　　　　　　　　　　　　　　　　　　　　チャーチ

on a mountain. ↘ // The bishop did. ↘ // Then the sea surrounded
サラウンディド
the mountain and it became an island. ↘// It was connected to the

mainland only at low tide. ↘//
メインランド　　　　　　　　タイド

In the 19th century, a raised road was built. ↘ // It had been

dangerous to visit Mont-Saint-Michel, but it became easier. ↘//

### 語句・文の研究

**It is said that, in the 8th century, the Archangel Michael visited a bishop in a dream.**
**「8世紀に、ある司教の夢の中を大天使ミカエルが訪れたと言われています」**

It is said that 〜 「〜と言われている」
the Archangel Michael 「(キリスト教の) 大天使ミカエル」
archangel [á:rkèindʒəl アークエインチェル] 图 「大天使」
Michael [máikəl マイケル] 图 「大天使ミカエル」
bishop [bíʃəp ビショプ] 图 「司教」

● the 8th century 「8世紀」「〜世紀」と言うときは〈the + 序数 + century〉で表す。
● 神の使いである天使には9つの階級があり、「大天使」は高貴な存在でありながら上から8番目の低い階級にある。しかし神の意志を直接聞くことができるので、絶大な権威と影響力を持つ。ミカエルは他の天使たちのリーダー的存在であり、人間界にも影響力があるとされる。大天使ミカエルの伝説 (dramatic-history.com)

**He told the bishop to build a small church on a mountain.**
**「彼は司教に、山の上に小さな教会を建てるように言いました」**

church [tʃə́:rtʃ チャーチ] 图 「教会」

**Then the sea surrounded the mountain and it became an island.**
**「すると海が山を囲み、それは島になりました」**

surround [səráund サラウンド] 動 「〜を囲む」

82

┃ **It was connected to the mainland only at low tide.**
┃ **「それは干潮時にのみ本土とつながっていました」**

  be connected to ～「～につながっている」

  mainland [méinlænd **メインランド**] 图「本土」

  at low tide「干潮時に」

  tide [táid **タイド**] 图「潮、潮の干満」

  ● 主語のIt は前出のan island を指す。

┃ **In the 19th century, a raised road was built.**
┃ **「19世紀に堤防道路が作られました」**

  raised road「堤防道路」

  ● 1877年にモン・サン・ミシェルと本土を結ぶ堤防道路が作られ、潮が満ちているときにも島へ渡れるようになった。

和訳

> 　8世紀に、ある司教の夢の中を大天使ミカエルが訪れたと言われています。彼は司教に、山の上に小さな教会を建てるように言いました。司教はそうしました。すると海が山を囲み、それは島になりました。それは干潮時にのみ本土とつながっていました。
>
> 　19世紀に堤防道路が作られました。それまでモン・サン・ミシェルを訪れるのは危険でしたが、より簡単になりました。

## CHECK! 確認しよう

**❶「大天使ミカエルは、山の上に教会を建てましたか」**

教科書p.58の3〜4行目参照。He told the bishop to build a small church on a mountain. とある。

**❷「堤防道路はいつ作られましたか」**

教科書p.58の8行目参照。In the 19th century, a raised road was built. とある。

## TALK! 話してみよう

**「それは 驚くべき [みごと] ／信じられない／信じられない です」**

1行目でブラウン先生は「何人がモン・サン・ミシェルに住んでいるか知っていますか」と質問し、直前で「ほんの30人程度です」と答えを教えている。意外に少ない数に驚いた気持ちを表す語などを答える。

## 「それまでずっと〜だった」などを表す言い方 ― had ＋過去分詞

〈過去完了形〉

▶ 〈had ＋過去分詞〉

過去完了形は、過去のある時点において、「それまでずっと〜だった」という継続、「それまでに完了していた」という完了、「それまでに〜したことがある」という経験などを表す。また、過去に起こった出来事よりもさらに前に起きた出来事について述べるときも、過去完了形を用いる。

I **had been** sick before I took medicine.

<u>ずっと〜だった</u>        <u>薬を飲んだ</u>

(私は薬を飲む前はずっと気分が悪かった)

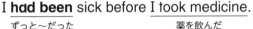

| 過去 | I took medicine | 現在 |

ずっと気分が悪かった　　　　(現在は気分が悪くない)

Mike **had finished** his work when his mother came home.

<u>すでに終えていた</u>      <u>母親が帰宅した</u>

(母親が帰宅したとき、マイクはすでに仕事を終えていました)

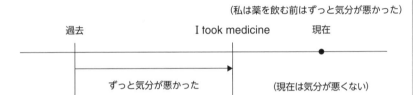

過去　　　　　　his mother came home　　現在

finished his work

(帰宅したときは終えていた)

▶現在完了進行形と過去完了進行形の違い

He **has been playing** the piano for an hour. 　現在完了進行形

(彼は1時間ずっとピアノを弾いています)

過去　　　　　　　　　　　　現在

現在まで1時間ずっと

He **had been playing** the piano for an hour when I came home.

過去完了進行形

(私が帰宅したとき、彼はそれまで1時間ずっとピアノを弾いていました)

| 過去 | I came home | 現在 |
|---|---|---|

私が帰宅するまで1時間ずっと

## DRILL

❶「私たちが到着したとき、コンサートは (始まる)」
- ● When で始まる節に〈主語 + had + 過去分詞〜〉を続ける。

❷「スズキさんは日本へ引っ越してくる前はカナダに (住んでいる)」
- ● 〈主語 + had + 過去分詞〜〉に before で始まる節を続ける。

❸「タカシが駅に着いたとき、私たちは彼を30分間 (待つ)」
- ● When で始まる節に〈主語 + had been doing〜〉を続ける。

## テキストを読んでみよう③   教科書p.60

Many tourists started to visit the island. ↘ // But, over time, the raised road stopped the tide and sand piled up. ↘// Everyone said,
パイルド
"Mont-Saint-Michel won't be an island anymore!"↘// The road was replaced by a bridge so that the water could flow underneath. ↘ //
リプレイスト                                フロウ    アンダニース
The landscape was restored. ↘//
ランドスケイプ    リストード

Today, people enjoy visiting the island and trying its specialty,
スペシャルティ
omelets. ↘ // They were once for hungry pilgrims, but are now for
ピルグリムズ
sightseeing tourists. ↘//

**Many tourists started to visit the island.**
「多くの旅行者がその島を訪れ始めました」

　start to ～「～し始める」

**But, over time, the raised road stopped the tide and sand piled up.**
「しかし、時がたつにつれ、堤防道路は潮の流れをせき止め、砂がたまりました」

　over time「やがて、時がたつにつれ」

　pile [páil パイル] 動「積み重なる、たまる」

　pile up「たまる」

**Everyone said, "Mont-Saint-Michel won't be an island anymore!"**
「皆は、『モン・サン・ミシェルはもう島でなくなるだろう！』と言いました」

　won't be ～ anymore「もう～でなくなるだろう」

**The road was replaced by a bridge so that the water could flow underneath.**
「道路は、水が下を流れることができるように、橋に替えられました」

　replace [ripléis リプレイス] 動「～を取り替える」

　be replaced by ～「～に替えられる」

　so that ～ can ...「～が…できるように」

　flow [flóu フロウ] 動「流れる」

　underneath [ʌ̀ndərníːθ アンダニース] 副「下を」

　● so that 構文は、〈so that ＋主語＋動詞～〉の形で「主語が～するように」という目的を表す。

　　**例** Please speak slowly so that <u>children can understand you</u>.

　　　　　　　　　　　　　　　　主語＋can＋動詞～

　　（子どもたちがあなたの話を理解できるように、ゆっくり話してください）

**The landscape was restored.**
「景色が復元されました」

　landscape [lǽndskèip ランドスケイプ] 名「風景、景色」

　restore [ristɔ́ːr リストー] 動「～を復元する」

　● 道路が橋に取り替えられたために潮の流れが戻り、満潮時の幻想的なモン・サン・ミシェルが再び見られるようになった。

# **Today, people enjoy visiting the island and trying its specialty, omelets.**

**「今日、人々は島を訪れ、名物料理であるオムレツを食べてみて楽しみます」**

specialty [spéʃəlti スペシャルティ] 图「名物料理、得意分野」

- enjoy doing ～「～して楽しむ」
- オムレツはモン・サン・ミシェルの名物料理で、中でも「ラ・メール・プラール」というレストランのオムレツは人気がある。

# **They were once for hungry pilgrims, but are now for sightseeing tourists.**

**「それらは、かつてはおなかをすかせた巡礼者たちのためのものでしたが、今では観光客のためのものです」**

pilgrim [pílgrəm ピルグリム] 图「巡礼者」

**和訳**

> 多くの旅行者がその島を訪れ始めました。しかし、時がたつにつれ、堤防道路は潮の流れをせき止め、砂がたまりました。皆は、「モン・サン・ミシェルはもう島でなくなるだろう！」と言いました。道路は、水が下を流れることができるように、橋に替えられました。景色が復元されました。
>
> 今日、人々は島を訪れ、名物料理であるオムレツを食べてみて楽しみます。それらは、かつてはおなかをすかせた巡礼者たちのためのものでしたが、今では観光客のためのものです。

## **CHECK!** 確認しよう

❶ **「堤防道路が作られたあと、何が起こりましたか」**

教科書 p.60 の 2 ～ 3 行目参照。the raised road stopped the tide and sand piled up とある。

❷ **「今日、人々はモン・サン・ミシェルを訪れ、オムレツを食べて楽しみますか」**

教科書 p.60 の 7 ～ 8 行目参照。Today, people enjoy visiting the island and trying its specialty, omelets. とある。

## **TALK!** 話してみよう

**「私は 印象的な大修道院を訪ねる／有名なオムレツを食べる／景色を楽しむ こと をしたいです」**

ブラウン先生の質問は「あなたはそこで何をしたいですか」。モン・サン・ミシェルを訪れたら、何をしたいかを答える。

**WORD BUILDER** 語彙力をつけよう

### 観光に関する語句

| 語句 | 意味 |
|---|---|
| backpack［**バク**パク］ | バックパック |
| baggage［luggage］<br>［**バ**ギヂ］［**ラ**ギヂ］ | 手荷物 |
| brochure［ブロウ**シュ**ア］ | 小冊子、パンフレット |
| guidebook［**ガイ**ドブク］ | ガイドブック |
| guided tour<br>［**ガイ**ディド **トゥ**ア］ | 案内人付きのツアー |
| landmark［**ラン**ドマーク］ | 目印となる建物、<br>歴史的建造物 |
| overnight trip<br>［**オウ**ヴァナイト ト**リ**プ］ | 一泊旅行 |
| resort［リ**ゾー**ト］ | 行楽地 |
| sightseeing<br>［**サイ**トス**ィー**イング］ | 観光 |
| souvenir［スー**ヴェ**ニア］ | みやげ物 |
| tourist attraction<br>［**トゥ**リスト アト**ラ**クシャン］ | 観光名所 |

例文の和訳

私は先月家族と大阪へ観光に行きました。私たちは大阪城や通天閣の
ような歴史的建造物を訪れました。私たちは楽しく過ごしました。

---

**SUM UP!** 要約しよう

● **「モン・サン・ミシェルは、てっぺんに印象的な (❶) のある、フランス北部の**
 **小さな島です」** 教科書p.56の5行目にThere is an impressive <u>abbey</u> on top
 とある。

● **「19世紀に堤防道路が作られたため、島のまわりに (❷) がたまりました」** 教
 科書p.60の2〜3行目にthe raised road stopped the tide and <u>sand</u> piled upと
 ある。

● **「(❸) を復元するために、堤防道路は橋に替えられました」** 教科書p.60の4〜

6行目に The road was replaced by a bridge、The <u>landscape</u> was restored. とある。

● **「今日、多くの旅行者が島を訪れ、有名な (❹) を食べてみて楽しみます」** 　教科書p.60の7～8行目に Today, people enjoy visiting the island and trying its specialty, <u>omelets</u>. とある。

> 語句 | 大修道院　　オムレツ　　砂　　風景、景色

## PRACTICE! 練習しよう

### 1. have been doing ～を使って、趣味を続けている理由を述べる問題

> 例　友だち：What's your hobby?
> 　　あなた：I **have been learning** ballet for 10 years.
> 　　友だち：Really?　Why **have** you **been learning** it so long?
> 　　あなた：Because I can express emotions through my body.
> 　　友だち：Right.

● have been doing ～は「(今まで) ずっと～している」という動作の継続を表す。

● have been doing ～の疑問文は〈Have + 主語 + been doing ～?〉の形になる。ここでは「なぜずっと～していますか」と継続の理由をたずねているので、〈Why have + 主語 + been doing ～?〉の形になっている。

訳　友だち：あなたの趣味は何ですか。
　　あなた：私は10年間ずっとバレエを習っています。
　　友だち：本当に？　なぜそれをそれほど長く習っているのですか。
　　あなた：自分のからだを通して感情を表現することができるからです。
　　友だち：わかりました。

### 2.〈had + 過去分詞〉を使って自分の体験を述べる問題

> 例　I **had been** to New Zealand twice before I entered high school.　My first visit to New Zealand was with my family.　I watched *haka*, a traditional dance.　It was very powerful.　The second time, I spent about two weeks studying English and staying with a host family.　I really enjoyed myself in New Zealand.

●〈had + 過去分詞〉は「ずっと～していた」「～したことがある」「～

してしまっていた」という、過去のある時点までの動作や状態の継続、経験、その時点までの動作の完了を表す。

● had been to ～「（過去のある時点までに）～へ行ったことがあった」
  という経験を表す。ここでは I entered high school「私は高校へ入
  学した」ときよりも前に「ニュージーランドへ2回行ったことがある」
  という経験を表す。

● 〈spend + 期間 + doing ～〉は「…の期間～して過ごす」という意味。

㊙ 私は高校へ入学する前にニュージーランドへ2度行ったことがあります。
  ニュージーランドへの最初の訪問は家族と一緒でした。私は伝統舞踊
  のハカを見ました。それはとても力強かったです。2度目は、私は約2
  週間ホストファミリーの家に滞在して英語を勉強して過ごしました。
  私はニュージーランドで本当に楽しみました。

## 3．エマが遭遇したできごとを聞き取る音声問題

スクリプト

**Emma:** Sorry, I'm late.
**Ryo** : What happened?
**Emma:** The train was late because of an accident.  I had been
          waiting on the platform for an hour before it arrived.
**Ryo** : Oh, that's terrible.  Why didn't you take a bus?
**Emma:** I didn't know I could.  Anyway, I'm really hungry.
**Ryo** : All right.  Let's have lunch now.
**Question:** What happened to Emma before she met Ryo?

### 聞き取りのポイント

　質問の What happened to Emma before she met Ryo? は「亮に合う前に、エ
マに何が起こりましたか」という意味。エマは The train was late「電車が遅れた」、
I had been waiting on the platform for an hour「プラットフォームで1時間ずっ
と待っていた」と言っている。

● because of ～「～のために」
● accident「事故」
● I had been waiting「私はずっと待ち続けていた」　過去完了進行形の文。過
  去のある時点までの動作の継続を表す。
● before it arrived「それが到着する前」　it は the train を指す。

- terrible「猛烈な、ひどい、恐ろしい」
- Why didn't you ～?「なぜ～しなかったのですか」

エマ：ごめんね、遅れちゃった。
亮　：何が起こったの？
エマ：事故のために電車が遅れたの。それが到着するまで私は1時間ずっとプラットフォームで待っていたのよ。
亮　：それはひどいね。なぜバスに乗らなかったの？
エマ：（バスに乗ることが）できることを知らなかったの。ともかく、本当におなかがすいたわ。
亮　：よし。これから昼食にしよう。
質問：亮に会う前に、エマに何が起こりましたか。

# |||||||||||| CHALLENGE YOURSELF! ||||||||||||

## 1．文脈を把握しよう。

This national treasure is one of the first World Cultural Heritage sites in Japan. The castle has never gone through a war since it was built in 1609. It's in modern-day Hyogo Prefecture. It has many fine towers. Because the color of the walls is white, it's called "Egret Castle." In spring, you can enjoy seeing the castle with its beautiful cherry blossoms.

### 聞き取りのポイント

どの世界遺産であるかを特定することのできる情報を聞き取る。
- national treasure「国宝」
- World Cultural Heritage「世界文化遺産」
- never gone through a war「戦争を経験していない」
- in modern-day Hyogo Prefecture「現在の兵庫県に」
- it's called "Egret Castle"「『白鷺城』と呼ばれる」

　この国宝は、日本で最初の世界文化遺産登録地の1つです。その城は1609年に建てられてから戦争を経験したことがありません。それは現在の兵庫県にあります。それには多くの素晴らしい天守閣があります。城壁の色が白いので、『白鷺城』と呼ばれます。春には、美しいサクラの花とともにある城を見て楽しむことができます。

## 2. 自分の考えや意見を言ってみよう。

Emma : I guess the site is Nagoya Castle.

あなた : ❶_____. Mr. Brown mentioned that ❷_____.

Emma : All right.　Then, what's your guess?

あなた : It's Himeji Castle, isn't it?

Emma : You could be right.　Would you like to visit there some day?

あなた : (Yes / No), because ❸_____.

- ❶の直前にエマは「その登録地は名古屋城だと思います」と言っている。相手に賛成できない立場を明確にする。
- ❷では自分が名古屋城ではないと考える根拠を述べる。
- ❸の直前でエマが「いつかそこ(=白鷺城［姫路城］)を訪ねてみたいですか」と聞いている。Yesで答えた人は行きたい理由を、Noで答えた人は行きたいと思わない理由を答える。

❷ * それは兵庫県にあります　　* それは『白鷺城』と呼ばれます
❸ * 私は天守閣に登りたい　　* 城の最高の眺めを見たい
　 * 私は以前にそこへ行ったことがある　　* 私は城に興味がない

エマ　：私はその登録地は名古屋城だと思います。
あなた：❶_____。ブラウン先生は❷_____
_____と言いました。
エマ　：わかりました。では、あなたは何だと思いますか。
あなた：それは姫路城ですよね。

エマ　：あなたは正しいかもしれません。いつかそこを訪ねてみたいですか。
あなた：（はい／いいえ）、なぜなら❸＿＿＿＿＿＿＿＿＿＿＿からです。

**語句**

☆egret [íːgrət **イーグレト**] 图「シラサギ」
☆mention [ménʃən **メンション**] 動「〜と言う」
☆super [súːpər **スーパ**] 形「最高の」

---

テキストを
読んでみよう

**READ ON!**

教科書p.64

## Mother Poulard's Omelets
プラールズ

The most famous omelet restaurant in France is "La Mère
ラ　メール

Poulard," or "Mother Poulard." ↘// In 1888, Annette Poulard opened
プラール　　　　　　　　　　　　　　　アネト

an inn, or a small hotel, at the entrance of Mont-Saint-Michel. ↘//
イン　　　　　　　　　　　　　エントランス

Many hungry pilgrims came to eat at her inn, so she needed a dish

that was simple and easy to cook. ↘// Omelets were the answer! ↘//

The basic recipe was very simple. ↘// The ingredients, things
ベイスィク レスィピ　　　　　　　　　　　　　　　イングリーディエンツ

used for making the dish, were just eggs and butter. ↘// They were

easy to get and to store on the tiny island. ↘//

Her omelets were delicious and nutritious. ↘// Travelers felt strong
ニュートリシャス　　　　トラヴァラズ

and healthy after eating them. ↘//

**Mother Poulard's Omelets**
「プラールおばさんのオムレツ」

    Poulard [pulár プラール] 图「プラール（人名）」


**The most famous omelet restaurant in France is "La Mère Poulard," or "Mother Poulard."**
「フランスでいちばん有名なオムレツレストランは、『ラ・メール・プラール』またの名を『プラールおばさん』です」

    La Mère Poulard [la mέːr pulár ラメールプラール] 图「ラ・メール・プラール（店名）」


**In 1888, Annette Poulard opened an inn, or a small hotel, at the entrance of Mont-Saint-Michel.**
「1888年に、アネット・プラールが宿屋、つまり小さなホテルを、モン・サン・ミシェルの入口に開きました」

    Annette Poulard「アネット・プラール」（人名）
    Annette [ɑnέt アネト] 图「アネット」（人名）
    inn [in イン] 图「宿屋」
    entrance [éntrəns エントランス] 图「入口」


**Many hungry pilgrims came to eat at her inn, so she needed a dish that was simple and easy to cook.**
「おなかをすかせた多くの巡礼者たちが彼女の宿屋へ食事をしに来たので、彼女はシンプルで作りやすい料理を必要としました」

    ● a dish that was simple and easy to cook「シンプルで作りやすい料理」
      that は関係代名詞主格。


**Omelets were the answer!**
「オムレツがその答えでした！」


**The basic recipe was very simple.**
「基本のレシピはとても簡単でした」

    basic [béisik ベイスィク] 形「基本の」
    recipe [résəpi レスィピ] 图「作り方、レシピ」

**The ingredients, things used for making the dish, were just eggs and butter.**
**「材料、その料理を作るのに使われるものは卵とバターだけでした」**

ingredient [ingríːdiənt イングリーディエント] 图「材料」

● things used for making the dish「その料理を作るために使われるもの」
は、直前のingredientsを説明するために挿入されている。

**They were easy to get and to store on the tiny island.**
**「それらは、その小さな島で手に入れて貯蔵することが容易でした」**

● Theyは直前のeggs and butterを指す。
● このstoreは動詞で、「～を蓄える、～を貯蔵する」という意味を持つ。

**Her omelets were delicious and nutritious.**
**「彼女のオムレツはおいしくて栄養がありました」**

nutritious [njuːtríʃəs ニュートリシャス] 形「栄養のある」

**Travelers felt strong and healthy after eating them.**
**「それを食べたあと、旅行者は力強く、健康であると感じました」**

traveler [trǽvlər トラヴラ] 图「旅行者、旅人」

● healthy「健康な」
● themはomeletsを指す。

和訳

プラールおばさんのオムレツ
　フランスでいちばん有名なオムレツレストランは、『ラ・メール・プラール』またの名を『プラールおばさん』です。1888年に、アネット・プラールが宿屋、つまり小さなホテルを、モン・サン・ミシェルの入口に開きました。おなかをすかせた多くの巡礼者たちが彼女の宿屋へ食事をしに来たので、彼女はシンプルで作りやすい料理を必要としました。オムレツがその答えでした！
　基本のレシピはとても簡単でした。材料、その料理を作るのに使われるものは卵とバターだけでした。それらは、その小さな島で手に入れて貯蔵することが容易でした。
　彼女のオムレツはおいしくて栄養がありました。それを食べたあと、旅行者は力強く、健康であると感じました。

# Smart Agriculture

スマート アグリカルチャ　　　　　　　第6課　スマート農業

私たちの食を支えている農業。日本の農業が抱えるさまざまな課題を解決する手段となる「スマート農業」とは、どのようなものなのでしょうか？

## テキストを読んでみよう①　　　　　　　　　教科書p.68

Japanese agriculture has depended mostly on skilled farmers. ↘//
アグリカルチャ　　　　ディペンディド　モウストリ　　スキルド

But, today, the number of farmers is decreasing and many are

becoming older. ↘//　Therefore, advanced technologies have been
アドヴァンスト

introduced to help with agricultural work. ↘//　For example, power
アグリカルチュラル

assist suits can support human movement and reduce the need for
アスィスト　　　　　　　　　　　　　　　ムーヴメント　　　　リデュース

physical strength. ↘//
フィズィカル

　Thanks to advanced technologies, farmers can do their work more

easily. ↘//　This development is called "smart agriculture." ↘//
イーズィリ

### 語句・文の研究

**Japanese agriculture has depended mostly on skilled farmers.**
**「日本の農業は主に熟練した農場主に頼ってきました」**

agriculture [ǽgrikʌ̀ltʃər アグリカルチャ] 名「農業」
depend [dipénd ディペンド] 動「頼る、依存する」
depend on ～「～に依存する」
mostly [móustli モウストリ] 副「大部分は」
skilled [skíld スキルド] 形「熟練した」

　● ここではresourcesは「人的資源」という意味で、具体的には「人手」や「労働力」を表す。

**But, today, the number of farmers is decreasing and many are becoming older.**

**「しかし、今日では農場主の数は減りつつあり、多くは高齢化しています」**

the number of 〜「〜の数」
- decrease「減少する」
- many は「多数」という意味の名詞。ここでは many of farmers と同意である。

**Therefore, advanced technologies have been introduced to help with agricultural work.**

**「それゆえに、農作業を手伝うため先端技術がこれまでに導入されています」**

advanced [ədvǽnst アドヴァンスト] 形「先進的な」
help with 〜「〜を手伝う」
agricultural [ǽgrikʌ́ltʃərəl アグリカルチュラル] 形「農業の」
- therefore「それゆえに」
- technology「科学技術、テクノロジー」
- introduce「〜を紹介する」
- have been introduced「これまでに導入されている」〈have been＋過去分詞〉は完了形の受動態。「これまでに〜されている」という、現在完了と受け身の合わさった意味を表す。

**For example, power assist suits can support human movement and reduce the need for physical strength.**

**「例えば、パワーアシストスーツは人間の動きを助け、体力の必要性を減らします」**

for example「例えば」
power assist suit「パワーアシストスーツ」
assist [əsíst アスィスト] 名「アシスト、援助」
movement [múːvmənt ムーヴメント] 名「動き」
reduce [ridjúːs リデュース] 動「〜を減らす」
physical [fízikəl フィズィカル] 形「身体の」
- need for 〜「〜の必要性」
- パワーアシストスーツは、着ることによって身体の動きを補助し、限界を超えた重い荷物を運ぶなど実際の力以上の作業を可能にしてくれる機械。

**Thanks to advanced technologies, farmers can do their work more easily.**

**「先端技術のおかげで、農場主は彼らの仕事をより簡単にすることができます」**

thanks to ～「～のおかげで」

easily [íːzəli イーズィリ] 副「容易に」

● more easily は easily の比較級。最上級は most easily。

**This development is called "smart agriculture."**

**「この発達は『スマート農業』と呼ばれます」**

smart agriculture「スマート農業」（ロボット技術や情報通信技術を活用する農業）

● development「発達、発展、開発」

和訳

　日本の農業は主に熟練した農場主に頼ってきました。しかし、今日では農場主の数は減りつつあり、多くは高齢化しています。それゆえに、農作業を手伝うため先端技術がこれまでに導入されています。例えば、パワーアシストスーツは人間の動きを助け、体力の必要性を減らします。

　先端技術のおかげで、農場主は彼らの仕事をより簡単にすることができます。この発達は『スマート農業』と呼ばれます。

## CHECK! 確認しよう

❶「日本の農業にとって熟練した農場主はずっと重要でしたか」

　教科書 p.68の1～2行目参照。Japanese agriculture has depended mostly on skilled farmers. とある。

❷「何が農場主をより働きやすくするのを助けますか」

　教科書 p.68の9～10行目参照。Thanks to advanced technologies, farmers can do their work more easily. とある。

## TALK! 話してみよう

「 天気を予想すること／労働者を見つけること／費用を減らすこと であると、私は思います」

　マイクの質問は「農場主にとっていちばん難しいことは何ですか」。日本の農業が抱えている問題だと考えられることを答える。

**STUDY IT!** ことばのしくみを学ぼう

## 「これまでに〜されている」を表す言い方 ― have been 過去分詞

〈現在完了形の受け身〉

完了形の受け身

〈have[has] been ＋過去分詞〉は、現在完了の意味と受け身の意味が合わさった、現在完了形の受け身である。

▶ 「これまでずっと〜されている」（受け身の継続）

This computer **has been used** by Ben for two years.

└→「〜の間」継続期間を表す
└→「〜によって」行為者を表す

has been ＋過去分詞（主語が3人称単数のときは has）

（このコンピュータは2年間ずっとベンに使われています）

● このコンピュータが2年間ずっと使われていて、現在でも使われていることを表す。

● 普通の受け身の文との違い

This computer **is used** by Ben. （このコンピュータはベンによって使われます）

＊現在使われているが、どれくらいの間使われているかは不明。

This computer **was used** by Ben for two years.

（このコンピュータは2年間ベンによって使われました）

＊過去2年間使われたことはわかるが、現在でも使われているかは不明。

▶ 「これまでにもう〜された」（受け身の完了）

The sick boy **has been taken** to the hospital.

（その病気の少年はもう病院に運ばれました）

The watch **has** not **been repaired** yet.

否定文は have[has] の後に not

（その時計はまだ修理されていません）

▶ 「これまでに〜されたことがある」（受け身の経験）

"Cats" **has been performed** at this theater three times.

（『キャッツ』はこの劇場で3度上演されたことがあります）

**Have** you ever **been invited** by Emma for dinner?

疑問文は〈Have[Has] ＋主語＋ been ＋過去分詞〉

（あなたはエマに夕食に招待されたことはありますか）

❶ 「この写真 (アップロードする) オンラインで」
- 〈has been + 過去分詞〉を使って「これまでにアップロードされています」という文にする。

❷ 「この物語は (読む) 多くの子どもたちによって」
- 〈has been + 過去分詞〉を使って「これまでに読まれています」という文にする。

❸ 「彼の本は (作る) 何度も映画に」
- 〈have been + 過去分詞〉を使って「これまでに映画化されています」という文にする。

## テキストを読んでみよう②　　　　　　　　教科書p.70

Many robots are used in smart agriculture. ↘ // Some have

cameras and sensors to gather data for analyzing. ↘// Others can
　　　　　　　　　センサズ

do heavy work instead of farmers. ↘// Look at the robot harvesting

tomatoes. ↘// The camera captures images of tomatoes. ↘// This
　　　　　　　　　　　キャプチャズ

robot automatically picks only delicious red tomatoes with AI. ↘//

As technologies develop, robots will be able to do tasks 24 hours
　　　　　　　　　　　　　　　　　　　　　　　　　タスクス

a day and productivity will be increased a lot. ↘//
　　プロウダク**ティ**ヴィティ　　　　　インク**リ**ースト

### 語句・文の研究

**Some have cameras and sensors to gather data for analyzing.**
**「なかには、分析するためにデータを集めるカメラとセンサーを持つものもあ**
**ります」**

　Some ～．Others ....「なかには～するものもある。また…するものもある」

　sensor [sénsər センサ] 名「センサー」

- Some have cameras and sensors は、「前出の Many robots の中には、カメラやセンサーを備えたロボットもある」という意味を持つ。

## Others can do heavy work instead of farmers.
### 「農場主のかわりに重労働をすることのできるものもあります」

instead of 〜 「〜のかわりに」

- heavy work 「重労働」
- Others can do heavy work は、「(Many robotsの中にはカメラやセンサーを備えたロボットもあれば)重労働ができるロボットもある」という意味を持つ。
- Some 〜. Others .... は、たくさんあるうち、不特定のものと、別の不特定のものについて述べるときに用いる。

**例** 生徒がたくさんいるという前提で
**Some** like English. **Others** like math.

(なかには英語の好きな生徒もいます。数学が好きな生徒もいます)

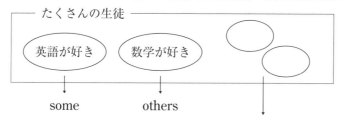

ほかに理科や音楽などが好きな生徒もいる

## The camera captures images of tomatoes.
### 「カメラはトマトの画像を取り込みます」

capture [kǽptʃər キャプチャ] 動 「〜を捕らえる、(画像など)を取り込む」

- image 「イメージ、画像」

## As technologies develop, robots will be able to do tasks 24 hours a day and productivity will be increased a lot.
### 「科学技術が発達するにつれて、ロボットは一日に24時間仕事をすることができるようになり、生産性が大いにあがるでしょう」

as 〜 「〜するにつれて」
be able to 〜 「〜できる」
task [tǽsk タスク] 名 「仕事」
24 hours a day 「一日に24時間、一日じゅう」
productivity [pròudʌktívəti プロウダクティヴィティ] 名 「生産性、生産力」
increase [inkrí:s インクリース] 動 「〜を増やす」

多くのロボットがスマート農業で使われています。なかには、分析するためにデータを集めるカメラとセンサーを持つものもあります。農場主のかわりに重労働をすることのできるものもあります。トマトを収穫しているロボットを見てください。カメラはトマトの画像を取り込みます。このロボットはAIを使って、おいしくて赤いトマトのみを自動的に選びます。

科学技術が発達するにつれて、ロボットは一日に24時間仕事をすることができるようになり、生産性が大いにあがるでしょう。

## CHECK! 確認しよう

❶「農業でデータを集めて分析するために、ロボットは何を持っていますか」

教科書p.70の1〜3行目参照。Many robots are used in smart agriculture. Some have cameras and sensors to gather data for analyzing. とある。

❷「ロボットはトマトがおいしいかそうでないかを確認することができますか」

教科書p.70の6〜7行目参照。This robot automatically picks only delicious red tomatoes とある。

## TALK! 話してみよう

「私は科学技術を いちばん甘いものを選ぶ／鮮度を保つ／速く育てる ために使うでしょう」

マイクの質問は「例えば、あなたはイチゴを育てるために、科学技術をどのように使うでしょうか」である。スマート農業の一環として、自分だったらイチゴを育てるのにどのように科学技術を使うだろうかを答える。

## STUDY IT! ことばのしくみを学ぼう

### 「〜されるだろう」を表す言い方 — will be 過去分詞〈助動詞＋受け身〉

受け身に助動詞の意味が加わるとき、〈助動詞＋ be ＋過去分詞〉の形で表す。
受け身

▶ 〈will be ＋過去分詞〉「〜されるだろう」
A new bridge **will be built** over this river.
助動詞 be ＋過去分詞

（この川に新しい橋がかけられるでしょう）

▶ 〈can be ＋過去分詞〉「～されることができる」
A lot of stars **can be seen** in this area.

(この地域では、たくさんの星が見られます)

＊be able to ～を受け身の文にすることはできない。

▶ 〈must be ＋過去分詞〉「～されなければならない」
Your baggage **must be opened** here.

(あなたの手荷物はここで開けられなければなりません)

**DRILL**

❶「難しい問題がテストで問われます」〔～でしょう〕
　●〈助動詞＋ be ＋過去分詞〉を使って「～されるでしょう」を表す文にする。
❷「その山は私の学校から見られます」〔～できる〕
　●〈助動詞＋ be ＋過去分詞〉を使って「～されることができます」を表す文にする。
❸「この仕事は明日までになされます」〔～しなければならない〕
　〈助動詞＋ be ＋過去分詞〉を使って「～されなければなりません」を表す文にする。

## テキストを読んでみよう③ 　　　　　　　　　　　　　　教科書p.72

In recent years, some farmers have been using drones for
リースント
agriculture.↘//　These drones can collect information about the

condition of farmland and products.↘//　They also spray pesticides
コンディション　　ファームランド　　　プラダクツ　　　　　　　　スプレイ　ペスティサイズ
efficiently. ↘ //　Drones are cheaper than helicopters and are easy
イフィシェントリ
for farmers to operate.↘//
　　　　　　アパレイト
　Advanced technologies can be used not only for agricultural

problems but also for other social challenges.↘//　With such
　　　　　　　　　　　　　　ソウシャル
developments, life wiil become much more sustainable. ↘//
　　　　　　　　　　　　　　　　　　サステイナブル

103

**In recent years, some farmers have been using drones for agriculture.**

**「近年、農業にドローンを利用している農場主がいます」**

> in recent years「近年、ここ数年」
>
> recent [ríːsənt リースント] 形「最近の」
>
> ● have been using「ずっと使っている」〈have been doing ～〉は「ずっと～し続けている」という動作の継続を表す現在完了進行形である。
>
> ● drone「ドローン」は無線で操作する無人航空機、無人機の通称。農薬散布、農作物の生育状況のチェック、害獣対策、防犯対策などの目的で農業に利用されている。

**These drones can collect information about the condition of farmland and products.**

**「これらのドローンは耕作地や生産物の状態に関する情報を集めることができます」**

> condition [kəndíʃən コンディション] 名「状態」
>
> farmland [fáːrmlænd ファームランド] 名「農地、耕作地」
>
> product [prádəkt プラダクト] 名「生産物、製品」
>
> ● information「情報」

**They also spray pesticides efficiently.**

**「またそれらは殺虫剤を効率よく散布します」**

> spray [spréi スプレイ] 動「～をスプレーする」
>
> pesticide [péstəsàid ペスティサイド] 名「殺虫剤」
>
> efficiently [ifíʃəntli イフィシェントリ] 副「効率よく」
>
> ● spray はアクセントに注意。
>
> ● They は前出の drones を指す。

**Drones are cheaper than helicopters and are easy for farmers to operate.**

**「ドローンはヘリコプターよりも安く、農場主が操作しやすいです」**

> operate [ápərèit アパレイト] 動「～を操作する」

**Advanced technologies can be used not only for agricultural problems but also for other social challenges.**

「先端技術は農業問題のためだけでなく、ほかの社会的課題にも使われることができます」

　　　not only 〜 but also ... 「〜だけでなく…も」
　　　social [sóuʃəl ソウシャル] 形「社会的な」
　　　social challenges「社会的課題」
　　　● can be used「使われることができる」〈助動詞＋be＋過去分詞〉の形で受け身に助動詞の意味が加えられる。

**With such developments, life will become much more sustainable.**

「そのような発達とともに、生活はもっとずっと持続可能なものとなるでしょう」

　　　sustainable [səstéinəbl サステイナブル] 形「持続可能な」

和訳

　近年、農業にドローンを利用している農場主がいます。これらのドローンは耕作地や生産物の状態に関する情報を集めることができます。またそれらは殺虫剤を効率よく散布します。ドローンはヘリコプターよりも安く、農場主が操作しやすいです。
　先端技術は農業問題のためだけでなく、ほかの社会的課題にも使われることができます。そのような発達とともに、生活もっとずっと持続可能なものとなるでしょう。

## CHECK! 確認しよう

**❶「農場主はどのように農業にドローンを利用しますか」**

教科書p.72の2〜5行目参照。These drones can collect information about the condition of farmland and products. They also spray pesticides efficiently. とある。

**❷「先端技術は農業問題のみに使われますか」**

教科書p.72の7〜9行目参照。Advanced technologies can be used not only for agricultural problems but also for other social challenges. とある。

「そうですね、 野生動物を数える／ファストフードを配達する／人を探す／
私たちを家へ連れて帰る ためです」

近い将来、ドローンの活用が増えるだろうという話題。マイクは「どのよう
に使うことができるのだろうか」と言っている。ドローンの活用例を答える。

## WORD BUILDER 語彙力をつけよう

### 農業に関する語句

| 語句 | 意味 |
|---|---|
| barn [バーン] | 納屋 |
| crop [クラプ] | 農作物 |
| cropland [クラプランド] | 農耕地、耕作地 |
| dairy farm [デアリ ファーム] | 酪農場 |
| fertilizer [ファーティライザ] | 肥料 |
| field [フィールド] | 農地 |
| hoe [ホウ] | くわ |
| hose [ホウズ] | ホース |
| mud [マド] | 泥 |
| pitchfork [ピチフォーク] | 干し草用三つ叉 |
| soil [ソイル] | 土 |
| weed [ウィード] | 雑草 |
| wheat [(ホ)ウィート] | 小麦 |

例文の和訳

私は小学生のときにナスを育てました。先生と私は学校にそれらを植
えました。私たちは雑草を取り除き、ときどき肥料をやりました。

## SUM UP! 要約しよう

● 「最近、(❶) 作業を助けるために先端技術が導入されています」 教科書 p.68
の 4 ～ 6 行目に advanced technologies have been introduced to help with
agricultural work とある。

● 「例えば、(❷) を集めて分析することのできるロボットがあります」 教科書 p.70
の 2 ～ 3 行目に Some have cameras and sensors to gather <u>data</u> for analyzing.

とある。

● **「近年、(❸) も使われています」** 教科書p.72の1〜2行目にIn recent years, some farmers have been using <u>drones</u> for agriculture. とある。

● **「先端技術は、さまざまな社会的な (❹) に利用されることができます」** 教科書p.72の7〜9行目にAdvanced technologies can be used not only for agricultural problems but also for other social <u>challenges</u>. とある。

語句　| データ　農業の　ドローン　課題 |

## PRACTICE! 練習しよう

**1.〈have been ＋過去分詞〉を使って、対話をする問題**

例 友だち：Have you had any good or bad experiences that are memorable for you?

あなた：Yes. I **have been stung** by a bee twice.

友だち：Really? Could you tell me more about it?

あなた：Both times it hurt so much. The first time, I was stung on a bus. It shocked me!

友だち：That's terrible!

● I have been stung「刺されたことがある」　stungはsting「〜を刺す」の過去分詞。

● 〈have been ＋過去分詞〉は「〜されている、〜されたことがある」という現在完了形の受け身である。

訳 友だち：あなたは自分にとって忘れられない、よい、または悪い経験をしたことがありますか。

あなた：はい。私はミツバチに2回刺されたことがあります。

友だち：本当に。そのことについてもっと話してくださいませんか。

あなた：どちらの時もとても痛みました。1回目はバスの中で刺されました。私は衝撃を受けました！

友だち：災難でしたね！

**2.〈助動詞＋ be ＋過去分詞〉を使って自分の意見を述べる問題**

例 A robot **can be used** for transporting an injured person. For example, it helps move the person from a wheelchair to a bed. I believe that a robot can carry the person easily. I also think robots will save human power in the future.

- 受け身に助動詞の意味を加えた〈助動詞＋be＋過去分詞〉の形で自分の考えを書く。
- 訳　ロボットは負傷した人を運ぶために使われることができます。例えば、人を車いすからベッドに移動させるのを手伝います。私は、ロボットは人を容易に運ぶことができると信じています。また、ロボットは将来、人力を節約するだろうと思います。

## 3．明日のことについて聞き取る音声問題

Everybody, listen carefully now.  We'll go on a school trip tomorrow.  But the weather forecast says that it's going to rain.  If it rains, a sports day will be held in the school gym instead.  Anyway, we don't have classes tomorrow.  Remember to bring your gym wear and lunch.  Does everyone understand?
**Question:** If it's raining, what will be held tomorrow?

### 聞き取りのポイント

　質問のIf it's raining, what will be held tomorrow?は〈will be＋過去分詞〉（〜されるでしょう）を使った文で、「もし雨が降っていれば、明日は何が催されるでしょうか」という意味。If it rains, a sports day will be held in the school gym（もし雨が降れば、体育館で運動会が催される）とある。

　皆さん、よく聞いてください。明日は遠足に行く予定です。しかし気象予報は雨になるだろうと言っています。もし雨が降れば、代わりに体育館で運動会が催されます。ともかく、明日は授業がありません。体操服と昼食を忘れずに持参してください。皆さんわかりましたか。
質問：もし雨が降っていれば、明日は何が催されるでしょうか。

### 語句

☆various [véəriəs **ヴェアリアス**]［形］「さまざまな」
☆sting [stíŋ **スティング**]［動］「〜を刺す」
☆stung [stʌ́ŋ **スタング**]［動］「stingの過去・過去分詞形」
☆transport [trænspɔ́:rt **トランスポート**]［動］「〜を運ぶ」
☆injured [índʒərd **インヂャド**]［形］「負傷した」

# IIIIIIIIIIIII CHALLENGE YOURSELF! IIIIIIIIIIIIIII

**1. ポスターに入れたいことばを書いてみよう。**

Poster 1　Sample
Nursing Robots, Good Workers
＊With nursing robots, we can care for many more people.
＊With nursing robots, we can save human resources.

Poster 2　Your group's poster
The Internet for Everyone
＊With the Internet, we can ❶_____.
＊With the Internet, we can ❷_____.

● nursing robot「介護ロボット」　● care for ～「～を手当てする」
● human resources「人材」

＊世界中の子どもたちに学ぶ機会を提供する
＊いつでも友だちと結びついている　　＊災害情報をすばやく入手する
＊世界中の人と友だちになる

和訳

ポスター1　サンプル
介護ロボット、よい働き手
＊介護ロボットを使って、より多くの人を手当てすることができます。
＊介護ロボットを使って、人材を節約することができます。
ポスター2　あなたのグループのポスター
インターネットをすべての人に
＊インターネットを使って、❶_____ことができます。
＊インターネットを使って、❷_____ことができます。

**2. 自分の考えや意見を言ってみよう。**

あなた：❶_____ about our poster?
Mike　：I think the subject is great.　Why did you select this subject?
あなた：Thanks.　We selected it because the Internet is ❷_____
　　　　_____.
Mike　：That's great.　I'm sure these posters support SDGs.

- ❶ 「私たちのポスターについてどう思いますか」など、about our poster?が後ろに続く疑問文を書く。
- ❷ インターネットをテーマに選んだ理由を書く。

> ❷ * 現代のインフラに不可欠な部分である
> * 世界中の人がよく知っている
> * 世界のいくつかの地域ではまだ利用できない

和訳

あなた：私たちのポスターについて❶＿＿＿＿＿＿＿＿＿＿。
マイク：テーマが素晴らしいと思います。なぜこのテーマを選んだのですか。
あなた：ありがとう。インターネットは❷＿＿＿＿＿＿＿＿＿から、私たちはそれを選びました。
マイク：素晴らしいですね。これらのポスターがSDGsを支えていくことを確信しています。

**語句**

☆ resource [ríːsɔːrs リーソース] 名〔通例 resources〕「資源、資産」
☆ offer [ɔ́ːfər オーファ] 動「～を提供する」
☆ opportunity [ὰpərtjúːnəti アパテューニティ] 名「機会」
☆ anytime [énitàim エニタイム] 副「いつでも」
☆ essential [isénʃəl イセンシャル] 形「不可欠な」
☆ infrastructure [ínfrəstrʌ̀ktʃər インフラストラクチャ] 名「インフラ」
☆ available [əvéiləbl アヴェイラブル] 形「利用できる、入手できる」

テキストを
読んでみよう

**READ ON!**

教科書 p.76

## Drones Save Lives

In rural areas of Africa, many hospitals do not always have
ルアラル
enough medical supplies, like blood packs. ↘ // It takes time to
サプライズ　　　　　　　　　　　　　パクス

deliver them by car from cities. ↘// This is because of traffic jams or
ディ**リ**ヴァ　　　　　　　　　　　　　　　　　　　　　　　　**チャ**ムズ

roads in poor condition. ↘// To solve this problem, drones are used

in Rwanda. ↘//
ルー**アー**ンダ

　Drones can deliver medical products directly and much faster than
ディ**レ**クトリ

cars. ↘// They can release the products safely and precisely at their
**セ**イフリ　　　　プリ**サ**イスリ

destinations with a parachute. ↘ // This method is much cheaper
パラシュート

than using airplanes. ↘//

　Developed countries now plan to use this delivery system, too. ↘//
ディ**リ**ヴァリ　**ス**ィステム

In those countries, people hope to use drones to deliver supplies to

disaster areas. ↘//

語句・文の研究

**In rural areas of Africa, many hospitals do not always have
enough medical supplies, like blood packs.**
**「アフリカの農村地域では、多くの病院が血液パックのような医療用品を常に
十分に備えているわけではありません」**

　　　rural [rúərəl ル**ア**ラル] 形 「田舎の、農村の」
　　　supply [səplái サプ**ラ**イ] 名 「供給物、備え」
　　　pack [pǽk パク] 名 「1パック」
　　　● not always ～ 「いつも～であるとは限らない」 部分否定。
　　　● medical supplies 「医療用品」

**It takes time to deliver them by car from cities.**
**「都心から車でそれらを運ぶのは、時間がかかります」**

　　　deliver [dilívər ディ**リ**ヴァ] 動 「～を配達する」
　　　● take time 「時間がかかる」
　　　● them は前出の medical supplies を指す。

## This is because of traffic jams or roads in poor condition.
**「交通渋滞や劣悪な状態にある道路が原因です」**

jam [dʒǽm チャム] 图「渋滞」

- This is because of ～.「～が原因です」 because of以下に直前に話題になった内容（ここではIt takes time to deliver them by car from cities.）の原因・理由が書かれている。
- traffic jam「交通渋滞」
- in poor condition「好ましくない状態で」

## To solve this problem, drones are used in Rwanda.
**「この問題を解決するために、ルワンダではドローンが使用されています」**

Rwanda [ru: á:ndə ルーアーンダ] 图「ルワンダ」

ルワンダは東アフリカに位置する内陸国。主な産業は農業で、鉱物資源はほとんどない。子どもの教育、女性の活用、経済再建、開発などに力を入れているが、多くの人が厳しい貧困に苦しんでいる。

- this problemはIt takes time to deliver them by car from cities.を指す。

## Drones can deliver medical products directly and much faster than cars.
**「ドローンは車よりもずっと速く医療製品を直接に配達することができます」**

directly [dəréktli ディレクトリ] 副「直接に」

- medical product「医療製品」
- much faster「ずっと速く」 muchは比較級を強めるはたらきをする。

## They can release the products safely and precisely at their destinations with a parachute.
**「それらはパラシュートを使い、安全かつ正確に目的地で製品を放出することができます」**

safely [séifli セイフリ] 副「安全に」

precisely [prisáisli プリサイスリ] 副「正確に」

parachute [pǽrəʃùːt パラシュート] 图「パラシュート」

- Theyは前出のDronesを指す。
- release「～を手放す、～を放出する」
- destination「目的地、行き先、あて先」

## This method is much cheaper than using airplanes.
## 「この方法は飛行機を使うよりもずっと安いです」
- This method「この方法」とは直前の release the products safely and precisely at their destinations with a parachute を指す。

## Developed countries now plan to use this delivery system, too.
## 「今や先進国もこの配達システムを利用する計画を立てています」

delivery [dilivəri ディ**リ**ヴァリ] 图「配達」

system [sistəm ス**ィ**ステム] 图「仕組み、システム」

- developed country「先進国」
- plan to 〜「〜する予定だ、〜する計画を立てている」
- this delivery system「この配達システム」 ドローンを使った無人配達を指す。

## In those countries, people hope to use drones to deliver supplies to disaster areas.
## 「それらの国では、人々は被災地へ物資を配達するためにドローンを使用することを期待しています」

- disaster area「被災地」

和訳

ドローンが命を救う

　アフリカの農村地域では、多くの病院が血液パックのような医療用品を常に十分に備えているわけではありません。都心から車でそれらを運ぶのは、時間がかかります。交通渋滞や劣悪な状態にある道路が原因です。この問題を解決するために、ルワンダではドローンが使用されています。

　ドローンは車よりもずっと速く医療製品を直接に配達することができます。それらはパラシュートを使い、安全かつ正確に目的地で製品を放出することができます。この方法は飛行機を使うよりもずっと安いです。

　今や先進国もこの配達システムを利用する計画を立てています。それらの国では、人々は被災地へ物資を配達するためにドローンを使用することを期待しています。

# LESSON 7 A Martial Art on Tatami

ア マーシャル アート オン タタミ　第7課　たたみの上の格闘技

高まる緊張感、静寂を破る音、スピード感―「競技かるた」の世界とはどのようなものなのでしょうか？多くの人々をひきつける魅力とは？

## テキストを読んでみよう①

教科書p.80

A competitive *karuta* game is called "a martial art on tatami." ↘//
コンペティティヴ　　　　　　　　　　　　　　　　　　マーシャル アート

The players need physical and mental strength, as well as the
メンタル

powers of concentration and speed. ↘//
スピード

In this game, a reciter reads only the first half of a *yomifuda* card,
リサイタ

which has a *waka* poem. ↘// Players try to grab the corresponding
グラブ　　　　　コーレスパンディング

*torifuda* card quickly. ↘ // They compete so fiercely that they
コンピート　　　　　フィアスリ

sometimes get injured, like in martial arts. ↘//

### 語句・文の研究

**A Martial Art on Tatami**
**「たたみの上の格闘技」**

　　martial art「格闘技」
　　martial art [mάːrʃəl άːrt マーシャル アート] 图「格闘技」
　　● martial artは柔道や空手などの、武道・武術や戦闘術、護身術を起源
　　とするスポーツ。

**A competitive *karuta* game is called "a martial art on tatami."**
**「競技かるたは『たたみの上の格闘技』と呼ばれます」**

　　competitive *karuta* game「競技かるた」
　　competitive [kəmpétətiv コンペティティヴ] 形「競争の」
　　● ～ is called ...「～は…と呼ばれる」〈主語＋call＋人など＋呼び名〉の
　　受け身形。

114

**The players need physical and mental strength, as well as the powers of concentration and speed.**
**「競技者は精神の集中力とスピードはもちろん、身体的・精神的な強さも必要です」**

    mental [méntl メンタル] 形「精神の」

    〜 as well as ...「…だけでなく〜も、…はもちろん〜も」

    speed [spí:d スピード] 名「スピード」

    ● physical「身体の」

    ● strength「強さ」 strong の名詞形。

    ● concentration「精神の集中」

**In this game, a reciter reads only the first half of a *yomifuda* card, which has a *waka* poem.**
**「この試合では、読み手が読み札、それには和歌がのっていますが、その前半のみを読みます」**

    reciter「読み手」

    reciter [risáitər リサイタ] 名「読み手」

    the first half「前半」(＝上の句)

    *yomifuda* card「読み札」

    *waka* poem「和歌」

    ● a *yomifuda* card, which has a *waka* poem は関係代名詞の非制限用法を用いた文。

**Players try to grab the corresponding *torifuda* card quickly.**
**「競技者は一致する取り札をすばやくつかもうとします」**

    grab [grǽb グラブ] 動「〜をつかむ」

    corresponding [kɔ̀:rəspándiŋ コーレスパンディング] 形「一致する」

    *torifuda* card「取り札」

**They compete so fiercely that they sometimes get injured, like in martial arts.**
**「彼らはとても激しく競争するので、ときには格闘技のようにけがをすることがあります」**

    compete [kəmpí:t コンピート] 動「競争する」

    fiercely [fíərsli フィアスリ] 副「激しく」

    so 〜 that ...「とても〜なので…だ」

    get injured「けがをする」

　競技かるたは『たたみの上の格闘技』と呼ばれます。競技者は精神の集中力とスピードはもちろん、身体的・精神的な強さも必要です。

　この試合では、読み手が読み札、それには和歌がのっていますが、その前半のみを読みます。競技者は一致する取り札をすばやくつかもうとします。彼らはとても激しく競争するので、ときには格闘技のようにけがをすることがあります。

## CHECK!　確認しよう

❶「競技かるたでは、選手は何を必要としますか」

教科書 p.80の2～4行目参照。The players need physical and mental strength, as well as the powers of concentration and speed. とある。

❷「読み手は、読み札の後半だけを読みますか」

教科書 p.80の5～6行目参照。a reciter reads only the first half of a *yomifuda* card とある。

## TALK!　話してみよう

「でも、まず かるたセットを買う ／ 和歌を勉強する ／ 正座の練習をする べきです」

エマは「（競技かるたを）やってみたい」と言っている。競技をする前にするべきことを言う。

## STUDY IT!　ことばのしくみを学ぼう

### 「～ですが、それは…」を表す言い方 ― ～, which ...

〈関係代名詞の非制限用法〉

▶ 〈名詞, 関係代名詞 which ＋動詞 ...〉

　関係代名詞が名詞に対して補足説明を加える。

　説明される名詞 [先行詞] が人以外のときは、関係代名詞 which を用いる。

book に補足説明を加える

I bought a book , **which** has a lot of beautiful pictures.

名詞　　　　　　　　　関係代名詞主格＋動詞 ...

コンマ

（私は本を買いましたが、それには美しい写真がたくさんのっています）

116

＊制限用法との違い

関係代名詞制限用法は、関係代名詞以下が直前の名詞を限定する。

bookがどのようなものかを限定する

I bought a book **which** has a lot of beautiful pictures.

名詞　　　　　　　　　関係代名詞主格＋動詞 ...

コンマなし

（私は美しい写真がたくさんのっている本を買いました）

▶ 〈名詞, 関係代名詞 which ＋主語＋動詞 ...〉

bookに補足説明を加える

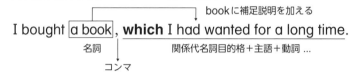

I bought a book, **which** I had wanted for a long time.

名詞　　　　　　　関係代名詞目的格＋主語＋動詞 ...

コンマ

（私は本を買いましたが、それは私が長い間ほしいと思っていたものです）

▶ 〈名詞, 関係代名詞 who ＋動詞 ...〉

説明される名詞［先行詞］が人のときは、関係代名詞 who を用いる。

sisterに補足説明を加える

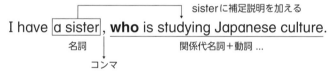

I have a sister, **who** is studying Japanese culture.

名詞　　　　　　　関係代名詞＋動詞 ...

コンマ

（私には姉［妹］がいますが、彼女は日本文化を勉強しています）

● 先行詞が固有名詞やひとり［ひとつ］しか存在しないもののときは、非制限用法を用いる。

● 関係代名詞thatに非制限用法はない。

**DRILL**

❶ 「私はあなたのお母さんに会いました」「私によい知らせを教えてくれました」

　● 〈～名詞, who ＋動詞 ...〉「～ですが、その人は…」の文にする。

❷ 「あれは富士山です」「それは日本で最も高い山です」

　● 〈～名詞, which ＋動詞 ...〉「～ですが、それは…」の文にする。

❸ 「おじは私にカメラをくれました」「翌日私はそれを壊しました」

　● 〈～名詞, which ＋主語＋動詞 ...〉「～ですが、私はそれを…」の文にする。

Competitive *karuta* players try to memorize 100 *waka* poems. ↘//

They practice hard to react immediately to the first *kana* character
　　　　　　　　　　リアクト　イミーディエトリ
when the *yomifuda* is read. ↘// What may surprise you is that even

running or sit-ups can be used for training.
ラニング　　スィタプス

This game became popular thanks to a comic series,
　　　　　　　　　　　　　　　　　　　　　　　スィアリーズ
*Chihayafuru.* ↘ // It shows high school students competing in

*karuta* matches. ↘// The animated version of *Chihayafuru* has been
　　　　　　　　　　アニメイテド　ヴァージョン
enjoyed in over 50 countries. ↘//

**語句・文の研究**

**| Competitive *karuta* players try to memorize 100 *waka* poems.**
**| 「競技かるたの選手は、和歌を100首記憶しようと努力します」**
- try to ～「～しようと努力する」
- memorize「～を記憶する」

**| They practice hard to react immediately to the first *kana***
**| character when the *yomifuda* is read.**
**| 「彼らは読み札が読まれたときに、最初のかな文字にすばやく反応するために**
**| 熱心に練習します」**
react [riǽkt リアクト] 動「反応する」
immediately [imíːdiətli イミーディエトリ] 副「すぐに」
the first *kana* character「最初のかな文字」

**| What may surprise you is that even running or sit-ups can be**
**| used for training.**
**| 「あなたを驚かせるかもしれないのは、トレーニングにランニングや腹筋運動**
**| さえ取り入れられ得るということです」**

118

running [ránɪŋ ラニング] 图「ランニング」

sit-up [sítʌp スィタプ] 图「腹筋運動」

● Whatは関係代名詞で、What may surprise youは「あなたを驚かせる
かもしれないこと」という意味。

## This game became popular thanks to a comic series, *Chihayafuru*.
## 「この試合［ゲーム］は、まんがシリーズである『ちはやふる』のおかげで人気が出ました」

series [síəri:z スィアリーズ] 图「シリーズ」

● thanks to ～「～のおかげで」

## It shows high school students competing in *karuta* matches.
## 「それは高校生がかるたの試合で競争している様子を描いています」

show ... ～ing「…が～している様子を描いている」

● compete「競争する」

## The animated version of *Chihayafuru* has been enjoyed in over 50 countries.
## 「『ちはやふる』のアニメ版は50か国以上で楽しまれています」

animated version「アニメ版」

animated [ǽnəmèitəd アニメイテド] 形「アニメの」

version [və́:rʒən ヴァージョン] 图「～版、バージョン」

● has been enjoyed「ずっと楽しまれ続けている」〈have[has] + been
+ 過去分詞〉は現在完了形の受け身で、「ずっと～され続けている」と
いう、現在までの動作や状態の継続を表す。

和訳

　競技かるたの選手は、和歌を100首記憶しようと努力します。彼らは読み札
が読まれたときに、最初のかな文字にすばやく反応するために熱心に練習し
ます。 あなたを驚かせるかもしれないのは、トレーニングにランニングや腹
筋運動さえ取り入れられ得るということです。

　この試合［ゲーム］は、まんがシリーズである『ちはやふる』のおかげで人
気が出ました。それは高校生がかるたの試合で競争している様子を描いてい
ます。『ちはやふる』のアニメ版は50か国以上で楽しまれています。

**❶** 「競技かるたの選手は何を覚える必要がありますか」

教科書p.82の1～2行目参照。Competitive *karuta* players try to memorize 100 *waka* poems. とある。

**❷** 「『ちはやふる』は他の国でも楽しまれていますか」

教科書p.82の9～11行目参照。The animated version of *Chihayafuru* has been enjoyed in over 50 countries. とある。

---

TALK! 話してみよう

**❶** 「はい、見ます／ときどき」

エマの質問は「あなたはテレビでアニメを見ますか」。Yes, I do. または Sometimes. で答える問題。

**❷** 「はい、私は 旅行をし／楽器を習い／サッカーをし／歴史を学び たくなりました」

エマの質問は「あなたはアニメを見た後で、何か新しいことをしてみようという気になったことはありますか」。〈inspire + 人など + to do〉は「（人など）を～するよう奮い立たせる」という意味を表す熟語。

---

STUDY IT! ことばのしくみを学ぼう

### 「（～が）…するもの［こと］」を表す言い方 ― what ＋（主語）＋動詞 ...

〈関係代名詞what〉

先行詞the thing(s) を含む関係代名詞

＊関係代名詞whatにはthe thing(s)「もの、こと」という先行詞の意味が含まれている。

＊関係代名詞whatは先行詞the thing(s) を含むので、文中に本来あるべき先行詞がない。

＊関係代名詞whatを含む節は名詞の働きをし、主語、目的語、補語になる。

▶関係代名詞節が主語になる文

**What** I want to do is to sleep well. （私がしたいのは、よく眠ることです）

〈関係代名詞＋主語＋動詞〉　私がしたいこと

→ what = the thing which[that]

先行詞　　　関係代名詞

▶関係代名詞節が目的語になる文

Do you remember **what** I said? (あなたは私が言ったことを覚えていますか)

〈関係代名詞＋主語＋動詞〉 私が言ったこと

→ what = the thing which[that]

＊関係代名詞whatを含む文は、間接疑問文と同じ形になるので意味の解釈に注意が必要である。

・whatが関係代名詞の文

I don't know **what** he bought. (私は彼が買ったものを知りません)

関係代名詞＋主語＋動詞

what=the thing(s) which[that]

・whatが疑問詞の文（間接疑問文）

I don't know **what** he bought. (私は彼が何を買ったのかを知りません)

疑問詞＋主語＋動詞

---

**DRILL**

❶「私は (〜するもの／あなたに見せる／私がかばんの中に持っている) しましょう」
- 〈関係代名詞＋主語＋動詞〜〉が目的語になる文にする。

❷「(〜を聞く／私が話している／〜すること)」
- 〈関係代名詞＋主語＋動詞〜〉が目的語になる命令文にする。

❸「(重要な／〜すること／〜です／〜です) 最善を尽くすこと」
- 〈関係代名詞＋主語＋動詞〜〉が主語になる文にする。

---

**テキストを読んでみよう③**                              教科書p.84

What is the attraction of a competitive *karuta* game? ↘ // Age,
エイヂ
gender or experience does not matter, but skill and enthusiasm
チェンダ                          マタ                      インスューズィアズム
do. ↘// That's what players really like about this game. ↘// And just
as in other sports, you need to plan strategies to win. That's fun. ↘//
ストラテヂズ
Now even people from overseas participate in international
パーティスィペイト

tournaments in Japan. ↘ // Have you ever joined a competitive

*karuta* game? ↗// If not, why don't you try? ↘//

## ▌What is the attraction of a competitive *karuta* game?
## ▌「競技かるたの魅力は何でしょうか」
- attraction「呼び物、名物」


## ▌Age, gender or experience does not matter, but skill and
## ▌enthusiasm do.
## ▌「年齢、性別、経験は重要ではありませんが、技術と熱意は重要です」
age [éidʒ エイジ] 图「年齢」
gender [dʒéndər ヂェンダ] 图「性別」
matter [mǽtər マタ] 動「重要である、関係がある」
enthusiasm [inθjúːziæzm インスューズィアズム] 图「熱意、熱中」
- do は代動詞用法で、matter の代わりに用いられている。


## ▌That's what players really like about this game.
## ▌「それが、競技者がこのゲームを本当に好きなところなのです」
- That's what 〜.「それが〜なこと[もの]である」　what は関係代名詞で、
〈That's what + 主語 + 動詞〜.〉の形で用いる。That は直前に話題になっ
たことや、直前に出た文を指す。ここでは2〜3行目の Age, gender or
experience does not matter, but skill and enthusiasm do. を指している。

What is the attraction of a competitive *karuta* game?

（競技かるたの魅力とは何か）

この質問の答え

Age, gender or experience does not matter, but skill and
enthusiasm do.

（年齢、性別、経験は重要ではないが、技術と熱意が重要である）

That が指す内容

That's what players really like about this game.
　　　=the thing which[that]　　=a competitive *karuta* game
（年齢、性別、経験は重要ではないが、技術と熱意が重要であることが、競技者がこのゲーム
を本当に好きなところである）

**And just as in other sports, you need to plan strategies to win.**

「ちょうどほかのスポーツと同じように、勝つための [に] 戦略を練る必要があります」

> just as 〜「ちょうど〜と同じように」
>
> strategy [strǽtədʒi スト**ラ**テヂ] 图「戦略、攻略法」

**Now even people from overseas participate in international tournaments in Japan.**

「今では、海外からの人までもが、日本での国際トーナメントに参加します」

> participate in 〜「〜に参加する」
>
> participate [pɑːrtísəpèit パー**ティ**スィペイト] 動「参加する」
>
> ● from overseas「海外［外国］から」

**Have you ever joined a competitive *karuta* game?**

「あなたは競技かるたに参加したことがありますか」

> ● Have you ever 〜？「〜したことがありますか」 過去の経験を問う現在完了形の疑問文。

**If not, why don't you try?**

「もしそうでないなら、試しにやってみませんか」

> If not, why don't you 〜？「もしそうでないなら〜しませんか？」
>
> ● ここでの If not は、If you have never joined a competitive *karuta* game「もし競技かるたに参加したことがなかったら」を略したもの。

和訳

　競技かるたの魅力は何でしょうか。年齢、性別、経験は重要ではありませんが、技術と熱意は重要です。それが、競技者がこのゲームを本当に好きなところなのです。ちょうどほかのスポーツと同じように、勝つための戦略を練る必要があります。それは楽しいです。

　今では、海外からの人までもが、日本での国際トーナメントに参加します。あなたは競技かるたに参加したことがありますか。もしそうでないなら、試しにやってみませんか。

## CHECK! 確認しよう

❶「年齢と性別は、競技かるたにおいて重要ですか」

教科書p.84の2～3行目参照。Age, gender or experience does not matter とある。

❷「選手は勝つために何をする必要がありますか」

教科書p.84の5～6行目参照。you need to plan strategies to win とある。

**「あなたは確かに 自信を持つ／体力をつける／もの覚えがよい 必要があります」**

エマの質問は「勝つためにするべき最も重要なことは何ですか」。競技かるた大会で勝つために必要なことを答える。

**WORD BUILDER** 語彙力をつけよう

### 語の後ろに付いて、品詞を変えたり意味を付け加えたりする接尾辞

| 動詞 | -tion「～すること」を加えて名詞を作る |
|---|---|
| act「行動する」 | action「行動」 |
| add「～を加える」 | addition「追加」 |
| introduce「～を紹介する」 | introduction「導入、紹介」 |
| 動詞 | -ive「～する傾向や性質がある」を加えて形容詞を作る |
| attract「～を引きつける」 | attractive「魅力的な」 |
| create「～を作り出す」 | creative「創造的な」 |
| explode「爆発する」 | explosive「爆発性の」 |

例文の和訳

自己紹介させてください。私の名前はケンタですが、ケンと呼んでください。私のクラブ活動について短い紹介をします。…

## SUM UP! 要約しよう

- 「**それは集中力とスピードはもちろん、身体的、精神的な (❶) を必要とします**」
  教科書p.80の2〜4行目に The players need physical and mental strength, as well as the powers of concentration and speed. とある。
- 「**選手は、カードの最初のかな (❷) にすばやく反応するために練習をします**」
  教科書p.82の2〜4行目に They practice hard to react immediately to the first *kana* character when the *yomifuda* is read. とある。
- 「**競技かるたでは、年齢・性別・経験は (❸) ではありません**」 教科書p.84の
  2〜3行目に Age, gender or experience does not matter とある。
- 「**技術と熱意は重要で、(❹) を立てることは楽しいです**」 教科書p.84の5〜6
  行目に you need to plan strategies とある。

語句 | 戦略、攻略法　　力、強さ　　重要である、関係がある　　文字

## PRACTICE! 練習しよう

### 1. 〈〜, which ...〉を使って正月の風物について英語で述べる問題

例 *Otoshidama*, **which** is a small envelope with money, is a gift for children at New Year's in Japan. I look forward to getting *otoshidama* every year. I always buy some new clothes with the money.

- , which 〜は関係代名詞の非制限用法で、「〜ですが、それは…」と直前の名詞に補足説明を加える。ここでは *Otoshidama* について a small envelope with money「お金の入った小さな封筒」と説明を加えている。

訳 お年玉は、お金の入った小さな封筒のことですが、日本の正月における子どもへの贈り物です。私は毎年お年玉をもらうことを楽しみにして待ちます。私はいつもそのお金で新しい服を買います。

### 2. 関係代名詞whatを使って、ホームページで紹介する記事を書く問題

例 **What I recommend for a Japanese souvenir is** a *sensu*, or a Japanese fan. Usually, a Japanese traditional design is on it. It's also easy to carry. There are many types and prices. They are even sold in 100-yen shops.

- what は先行詞 the thing(s) を含む関係代名詞で、What I recommend は The thing which[that] I recommend と同じ意味を持つ。

日本での土産に私がお勧めするのはせんすです。たいてい、日本の伝統的なデザインが描かれています。それは運びやすくもあります。多くのタイプや値段のものがあります。100円ショップでも売られています。

## 3．サンタクロースがしていたことを聞き取る音声問題

スクリプト

**Emma:** What did you do this winter vacation?
**Kai** : I took a trip to Australia with my family.
**Emma:** That's great!  Tell me about it.
**Kai** : It was the middle of summer in Australia.  We were there on Christmas Day.  And what Santa Claus was doing seemed really interesting!
**Emma:** Oh, what was he doing?
**Question:** What will be the answer to Emma's last question?

聞き取りのポイント

　質問のWhat will be the answer to Emma's last question?は「エマの最後の質問に対する答えは何でしょうか」という意味。冬休みではあるが、海の滞在先であるオーストラリアはthe middle of summer「真夏」であること、海がwhat Santa Claus was doing seemed really interesting!「サンタクロースがしていたことは本当におもしろいように見えた」と言っていることから判断する。

スクリプト訳

エマ：この冬休みに何をしたの。
海　：家族とオーストラリアへ旅行に行ったよ。
エマ：すごいわ！　そのことについて私に話して。
海　：オーストラリアは真夏だった。クリスマスの日にそこにいたんだよ。そして、サンタクロースがしていたことは実におもしろいように見えたよ。
エマ：へえ、彼は何をしていたの。
質問：エマの最後の質問に対する答えは何でしょうか。

語句

☆competition [kὰmpətíʃən カンピ**ティ**ション] 图「競争」
☆envelope [énvəlòup **エ**ンヴェロウプ] 图「封筒、包み」
☆New Year's [njú: jíərz **ニュー イ**アズ] 图「元日、正月」

# ‖‖‖‖‖‖‖‖‖‖‖ CHALLENGE YOURSELF! ‖‖‖‖‖‖‖‖‖‖‖

## 1. 記事の内容を把握しよう。

Japanese *manga* and anime have been so successful worldwide. There are three reasons for this success.

First, there are a great variety of stories, including history, science fiction, fantasy, sports, romance, action adventure, comedy and horror. Second, the interesting story lines are popular even among older audiences. Third, the high quality of drawing is appreciated as an art form.

### ポイント

まんがやアニメが世界的に成功した3つの理由を読み取る。
● a great variety of ～「多種多様の～」
● story line「ストーリー展開、(話の)筋、筋立て」
● the high quality of drawing「質の高い絵」
● appreciated「高く評価された、好評である」
● art form「芸術形式、芸術形態」

和訳

日本のまんがとアニメは世界的に非常に成功しています。この成功には3つの理由があります。

第一に、歴史、サイエンスフィクション、ファンタジー、スポーツ、恋愛、アクションアドベンチャー、コメディ、ホラーを含む多種多様のストーリーがあります。第二に、おもしろいストーリー展開は、年配層のファンにも人気があります。第三に、質の高い絵は芸術形式として高く評価されています。

## 2. 自分の考えや意見を言ってみよう。

A : Let's discuss which is the most convincing reason of the three.

あなた : I think the most convincing reason is ❶_____ ____. Do you all agree?

B : Well, basically yes. But I guess the other two reasons are also important. Don't you think so?

あなた : Hmm. Maybe the other two reasons are ❷_____ _____.

A 　　: I think it's not easy to choose the most important reason. Our conclusion will be that all the reasons are important and convincing.

あなた：❸_____.

● 　「3つの理由」とは**1**の「多種多様のストーリーがある」「ストーリー展開がおもしろい」「絵の質が高い」である。

● 　❶　3つの理由から1つ選ぶ。

● 　❷　「他の2つの理由も同じように大切で説得力がある」という内容を表す語句を入れる。

● 　❸　❷の内容に対する自分の考えを書く。

---

❷ *私の理由と同じくらい大切である　　　*（それも）また説得力がある

❸ *それでいいです　　*あなたの言うとおりです　　*賛成です

　*仕方がありません

---

A 　　：3つのうち、どれがいちばん説得力のある理由であるかを話し合いましょう。

あなた：私は、いちばん説得力のある理由は❶_____だと思います。みなさん、賛成ですか。

B 　　：基本的には賛成です。でも、他の2つの理由も大切だと思います。そうは思いませんか。

あなた：うーん。たぶん他の2つの理由は❷_____でしょう。

A 　　：私は、いちばん説得力のある理由を選ぶことは簡単ではないと思います。私たちの結論は、すべての理由が大切で説得力があるということでしょう。

あなた：❸_____。

**語句**

☆ successful [səksésfəl サクセスフル] 形「成功した」

☆ variety [vəráiəti ヴァライエティ] 名「種類」

☆ including [inklú:diŋ インクルーディング] 前「～を含めて」

☆ convincing [kənvínsiŋ コンヴィンスィング] 形「説得力のある」

☆ basically [béisikəli ベイスィカリ] 副「基本的には」

テキストを
読んでみよう

# READ ON!

## A Message in 31 *Kana* Characters

The *waka* poems for competitive *karuta* are called *Ogura Hyakunin Isshu.* ↘ // It is said that these poems were compiled by Fujiwara no Sadaie in the 13th century. ↘// They are a collection of 100 great poems by 100 poets written mostly in the Nara and Heian periods. ↘//

コンパイルド

コレクション

People in those days, particularly aristocrats, wrote *waka* on various occasions. ↘// They expressed what they saw and heard in each season, what they liked, etc. in 31 *kana* characters. ↘// They often wrote *waka* as personal letters, especially as love letters. ↘// In fact, 43 of the 100 poems in the collection are about love. ↘ // Many of the poets described how much they longed for someone. ↘// How romantic! ↘//

パティキュラリ　アリストクラツ

オケイジョンズ

イトセテラ

パーソナル

ファクト

ディスクライブド　　　　　　　　ローングド

ロウマンティク

## A Message in 31 *Kana* Characters
## 「31のかな文字のメッセージ」

● character「文字」 *kana* character「かな文字」は日本で作られた文字であるひらがな、かたかなを指す。

**The *waka* poems for competitive *karuta* are called *Ogura Hyakunin Isshu*.**

「競技かるたで使われる和歌は、『小倉百人一首』と呼ばれます」

- ～ are called ...「～は…と呼ばれる」

**It is said that these poems were compiled by Fujiwara no Saddie in the 13th century.**

「これらの和歌は、13世紀に藤原定家によって編さんされたと言われています」

compile [kəmpáil コンパイル] 動「～を編さんする」

- 藤原定家（1162～1241）　平安時代末期から鎌倉時代初期の公家・歌人。

**They are a collection of 100 great poems by 100 poets written mostly in the Nara and Heian periods.**

「それらは主に、奈良時代と平安時代に100人の歌人に詠まれた素晴らしい100首から成る歌集です」

collection [kəlékʃən コレクション] 名「収集物、コレクション」

- written mostly in the Nara and Heian periodsは、100 great poemsを修飾する。過去分詞とそれに伴う語句による名詞の後置修飾。

**People in those days, particularly aristocrats, wrote *waka* on various occasions.**

「当時の人たち、とりわけ貴族はいろいろな機会に和歌を詠みました」

particularly [pərtikjələrli パティキュラリ] 副「特に」

aristocrat [ərístəkræt アリストクラト] 名「貴族」

occasion [əkéiʒən オケイジョン] 名「場合、機会」

- people in those days「当時の人たち」　in those daysは「その当時（は）」という意味。

**They expressed what they saw and heard in each season, what they liked, etc. in 31 *kana* characters.**

「彼らはそれぞれの季節に自分が見たものや聞いたこと、気に入ったものなどを31のかな文字で表現しました」

etc. [etsétərə イトセテラ]「～など」

- what they saw and heard「彼らが見たものや聞いたこと」　whatは関係代名詞。

**They often wrote *waka* as personal letters, especially as love letters.**
「彼らはしばしば私的な手紙、とくに恋文として和歌を詠みました」

personal [pə́ːrsənəl パーソナル] 形「個人的な」

**In fact, 43 of the 100 poems in the collection are about love.**
「実際に、集められた100首のうち43首が恋に関するものです」

fact [fǽkt ファクト] 名「事実」
● in fact「実際に、実のところ」

**Many of the poets described how much they longed for someone.**
「歌人の多くは、愛する人にどれほど思いこがれているかを描写しました」

describe [diskráib ディスクライブ] 動「〜を描写する」
long [lɔ́ːŋ ローング] 動「思いこがれる」
someone「(ここでは) 愛する人」
● 〈how much + 主語 + 動詞〉「(主語が) どれほど〜しているか」

**How romantic!**
「なんとロマンチックなことでしょう！」

romantic [roumǽntik ロウマンティク] 形「ロマンチックな」
● How 〜!「なんと〜なのでしょう」 感嘆文。

和訳

### 31のかな文字のメッセージ

　競技かるたで使われる和歌は、『小倉百人一首』と呼ばれます。これらの和歌は、13世紀に藤原定家によって編さんされたと言われています。それらは主に、奈良時代と平安時代に100人の歌人に詠まれた素晴らしい100首から成る歌集です。当時の人たち、とりわけ貴族はいろいろな機会に和歌を詠みました。彼らはそれぞれの季節に自分が見たものや聞いたこと、気に入ったものなどを31のかな文字で表現しました。彼らはしばしば私的な手紙、とくに恋文として和歌を詠みました。実際に、集められた100首のうち43首が恋に関するものです。歌人の多くは、愛する人にどれほど思いこがれているかを描写しました。なんとロマンチックなことでしょう！

# Biologging

バイオウローギング                                   第8課　バイオロギング

直接見ることのできない動物の行動や生態を記録し、環境変化の予測にも役立つ先進技術「バイオロギング」。海の動物たちはどんなことを明らかにしてくれたのでしょう。

## テキストを読んでみよう①                                   教科書p.92

A small recording instrument, which is called a data logger, is
　　　　　　　　　　　　　　　　　　　　　　　　　　ローガ
attached to animals. ↘// Carrying the logger, the animals collect data
in the natural environment. ↘// Biologging has developed since the
　　　　　ナチュラル　　　　　　　　　　　バイオウローギング
1980s. ↘// Japan now leads the world in this new technology. ↘//
　　　　　　　　　　　リーズ
The data logger has realized the dream of studying the behavior
　　　　　　　　　　　　　リーアライズド　　　　　　　　　　　　　　ビヘイヴャ
of aquatic animals, such as penguins or seals. ↘ // Before, we
　アクワティク
couldn't track them once they dived into the sea. ↘//
　　　　　　　　　　　　　　　　　　ダイヴド

### 語句・文の研究

**A small recording instrument, which is called a data logger, is attached to animals.**
**「小さな記録計器、データロガーと呼ばれますが、それが動物にとりつけられています」**

　　logger [lɔ́ːɡər ローガ] 图 「記録をとる装置」
　　data logger 「データロガー、記録計」
　　be attached to ～ 「～につけられている、装着されている」
　　● recording instrument 「記録計器、記録器」
　　● ～, which ... 「～ですが、それは…」 関係代名詞の非制限用法。which
　　　is called a data loggerがa small recording instrumentを補足説明する。

**Carrying the logger, the animals collect data in the natural environment.**

■「記録計をつけて、動物たちは自然環境でデータを集めます」

natural [nǽtʃərəl ナチュラル] 形「自然の」

● Carrying the logger, the animals collect ...「記録計をつけて、動物たちは…します」「〜して［〜しながら］…する」という意味を表す分詞構文。Carrying the loggerの主語は主節［メインとなる〈主語＋動詞〜〉］と一致する。ここではthe animalsが主語。

■ Biologging has developed since the 1980s.
「バイオロギングは1980年代から発達しました」

biologging「バイオロギング」（動物に小さなカメラや記録計をつけて、その行動や生態を調べる研究手法）

biologging [báioulɔ́:giŋ バイオウローギング] 名「バイオロギング」
the 1980s ＝ the nineteen eighties「1980年代」

■ Japan now leads the world in this new technology.
「日本は今、この新しい技術で世界をリードしています」

lead [li:d リード] 動「〜をリードする」

● this new technology「この新しい技術」はbiologging「バイオロギング」を指す。

■ The data logger has realized the dream of studying the behavior of aquatic animals, such as penguins or seals.
「データロガーは、水生動物、例えばペンギンやアザラシのような動物の行動の研究の夢を実現させました」

realize [ríːəlàiz リーアライズ] 動「〜を実現させる、〜を理解する」
behavior [bihéivjər ビヘイヴァ] 名「ふるまい、行動」
aquatic [əkwǽtik アクワティク] 形「水生の」
〜 such as ...「例えば…のような〜」

■ Before, we couldn't track them once they dived into the sea.
「以前は、彼らがいったん頭から海へ飛び込むと、彼らを追跡することはできませんでした」

once 〜「いったん〜すると」
dive [dáiv ダイヴ] 動「飛び込む」
dive into 〜「〜に頭から飛び込む」

● them, theyは前出のaquatic animalsを指す。

　小さな記録計器、データロガーと呼ばれますが、それが動物につけられています。記録計をつけて、動物たちは自然環境でデータを集めます。バイオロギングは1980年代から発達しました。日本は今、この新しい技術で世界をリードしています。

　データロガーは、水生動物、例えばペンギンやアザラシのような動物の行動の研究の夢を実現させました。以前は、彼らがいったん頭から海へ飛び込むと、彼らを追跡することはできませんでした。

## CHECK! 確認しよう

❶「データロガーとは何ですか」

　教科書p.92の1〜2行目参照。A small recording instrument, which is called a data logger とある。

❷「今では、水生動物を海中で追跡することができますか」

　教科書p.92の9〜10行目参照。Before, we couldn't track them once they dived into the sea. とある。

## TALK! 話してみよう

❶「はい、そう思います／たぶんそうだと思います」

　ブラウン先生の質問は「海洋動物を研究することは大切だと思いますか」。Yesなどで答える問題。

❷「私は イルカ／サケ／タツノオトシゴ／クジラ／カニ／クラゲ はおもしろいだろうと思います」

　ブラウン先生の質問は「もし海洋動物を研究するとしたら、あなたはどの動物を選ぶでしょうか」。自分が研究してみたい海洋動物を選ぶ。

## STUDY IT! ことばのしくみを学ぼう

### 「〜して［〜しながら］…する」を表す言い方 — 動詞の-ing形, 主語＋動詞 ...　〈分詞構文〉

〈動詞の-ing形, 主語＋動詞 ...〉が「付帯状況」「時」「理由」などを表す。

▶「～しながら…する」（付帯状況）

A（～しながら）　　　B（…する）　　＊Bは主節

**Smiling** at me, she said hello. （私にほほえみかけながら、彼女はこんにちは

動詞の-ing形　　　　主語＋動詞 ...　　　　　　　　　と言いました）

＊Aの「私にほほえみかける」，Bの「彼女はこんにちはと言った」という2つの動作がほぼ同時に起こっている状況を表す。

＊主節が文の前半にくることもある。

**Mike walked along the street, singing a song.**

主節　　　　　　　　　動詞の-ing形

○歌を歌いながら、マイクは通りを歩きました。

×通りを歩きながら、マイクは歌を歌いました。

▶「～しているとき」（時）

**Climbing** a mountain, he got injured.

動詞の-ing形～が、主節の動作が起こったときにしていたことを表す。

（山に登っているとき、彼はけがをしました）

▶「～なので」（理由）

**Having** much time, I enjoyed shopping.

動詞の-ing形～が主節の理由を表す

（時間がたくさんあったので、私は買い物を楽しみました）

**DRILL**

❶「私はテレビを見ました」「私は奇妙な音を聞きました」
  ● 動詞の-ing形を使って、「～しているときに…しました」の文にする。

❷「彼はドアをゆっくり開けました」「彼は部屋を出ていきました」
  ● 動詞の-ing形を使って、「～して、…しました」の文にする。

❸「彼は警官を見ました」「その男性は走って逃げました」
  ● 動詞の-ing形を使って、「～して、…しました」の文にする。

## テキストを読んでみよう②　　　　教科書p.94

In 2017, five sea turtles with data loggers were released into

the Arafura Sea. ↘ // When they dived for food, the data loggers
アーラフーラ

recorded the sea temperatures. ↘// When they came up to breathe,
　　　　　　　テンパラチャズ　　　　　　　　　　　　　　　　　　　　　　ブリーズ

the data was sent to the research center through a satellite. ↘//
　　　　　　　　　　　　　　　　　　　　　　　　　　　　　　サテライト

The turtles dived repeatedly to a depth of over 100 meters for
　　　　　　　リピーテドリ　　　　　　デプス　　　　　　　　　　ミータズ

about three months. ↘ // It was this project that revealed both sea
　　　　　　　　　　　　　　　　　　　　　　　　　　　リヴィールド

turtle behavior and accurate sea temperatures. ↘//
　　　　　　　　　　　アキュレト

### 語句・文の研究

**In 2017, five sea turtles with data loggers were released into the Arafura Sea.**
**「2017年、データロガーをつけた5匹のウミガメがアラフラ海に放されました」**
　2017＝ two thousand and seventeen / twenty seventeen
　sea turtle「ウミガメ」
　Arafura [ɑːrɑfúːrə アーラフーラ] 图「アラフラ」
　the Arafura Sea「アラフラ海」(オーストラリア大陸とニューギニア島
　との間の海域)
　● release「〜を解放する、放つ」

**When they dived for food, the data loggers recorded the sea temperatures.**
**「彼らが餌を求めて海中に潜ったとき、データロガーは海水温を記録しました」**
　temperature [témpərətʃər テンパラチャ] 图「温度」
　● they は前出の five sea turtles を指す。
　● dive「水中に潜る、潜水する」
　● record「〜を記録する」
　● sea temperature「海水温」

**When they came up to breathe, the data was sent to the research center through a satellite.**
**「彼らが呼吸するために上がってきたとき、データは人工衛星経由でリサーチセンターへ送られました」**
　come up「上がってくる」
　breathe [briːð ブリーズ] 動「呼吸する」

satellite [sǽtəlàit **サ**テライト] 名「人工衛星」

## The turtles dived repeatedly to a depth of over 100 meters for about three months.
「ウミガメたちは約3か月の間、100メートルを超える深さまで何度も潜りました」

repeatedly [ripíːtədli リ**ピー**テドリ] 副「何度も」
depth [dépθ **デ**プス] 名「深さ」
to a depth of ~「~ (距離) の深さまで」
meter [míːtər **ミー**タ] 名「メートル」

## It was this project that revealed both sea turtle behavior and accurate sea temperatures.
「ウミガメの行動と正確な海水温の両方を明らかにしたのは、このプロジェクトでした」

reveal [rivíːl リ**ヴィー**ル] 動「~を明らかにする」
both ~ and ...「~も…も両方とも」
accurate [ǽkjərət **ア**キュレト] 形「正確な」

● It is ~ that .... は強調構文。this projectが強調されている。強調構文では強調する名詞がthatの前に置かれ、その名詞がどのようなものであるかをthat以下が説明している。強調されない文 (強調構文でないふつうの文) はThis project revealed both sea turtle behavior and accurate sea temperatures.「このプロジェクトはウミガメの行動と正確な海水温の両方を明らかにしました」である。

和訳

　2017年に、データロガーをつけた5匹のウミガメがアラフラ海に放されました。彼らが餌を求めて海中に潜ったとき、データロガーは海水温を記録しました。彼らが呼吸するために上がってきたとき、データは人工衛星経由でリサーチセンターへ送られました。
　ウミガメたちは約3か月の間、100メートルを超える深さまで何度も潜りました。ウミガメの行動と正確な海水温の両方を明らかにしたのは、このプロジェクトでした。

❶ 「5匹のウミガメは2017年にどこで放されましたか」

教科書p.94の1～2行目参照。In 2017, five sea turtles with data loggers were released into the Arafura Sea. とある。

❷ 「ウミガメは何度も海に潜りましたか」

教科書p.94の7行目参照。The turtles dived repeatedly とある。

## TALK! 話してみよう

「あなたはウミガメが 卵を産んでいる／キャベツを食べている／泳いでいる の を見ることができます」

ブラウン先生の質問は「彼らが何をしているところを見ることができますか」。 ウミガメの行動を答える。watch は知覚動詞で、〈watch ＋名詞＋動詞の-ing形 ...〉 は「～が…しているのを見る」という意味。

## STUDY IT! ことばのしくみを学ぼう

### 「…するのは～だ」を表す言い方 ― It is ～ that ....　　　〈強調構文〉

文の一部に焦点を当てて強調する言い方を、強調構文と言う。 〈It is ＋ 強調される語（句・節） ＋ that ....〉の形になる。

もとの文　I met Emma at a cafeteria this morning.
　　　　　　　　　　❶　　　　　❷　　　　　　❸

(私は今朝カフェテリアでエマに会いました)

▶❶を強調する文

強調する語　　　　　　残りの語句を文頭から順に並べる
It is Emma that I met at a cafeteria this morning.
　　　　❶　　　　　　　❷　　　　　　❸

(私が今朝カフェテリアで会ったのはエマです)

＊強調される語（句）が人の場合、that の代わりに who を用いることがある。

It is Emma **who** I met at a cafeteria this morning.

▶❷を強調する文

**It is** <u>at a cafeteria</u> **that** I met <u>Emma</u> <u>this morning</u>.
       ❷                           ❶        ❸

(私が今朝エマに会ったのはカフェテリアです)

▶❸を強調する文

**It is** <u>this morning</u> **that** I met <u>Emma</u> <u>at a cafeteria</u>.
       ❸                          ❶        ❷

(私がエマにカフェテリアで会ったのは今朝です)

**DRILL**

❶ was と that の間に Taro を入れ、残った語句を that の後に続ける。
❷ was と that の間に Aya を入れ、残った語句を that の後に続ける。
❸ was と that の間に yesterday を入れ、残った語句を that の後に続ける。

## テキストを読んでみよう③　　　　　　　　教科書p.96

Oceans cover almost 70% of the earth's surface. ↘ // So, it is
                 パセント                サーフェス

extremely important to record water temperatures precisely. ↘ //
イクストリームリ

This will help prevent weather disasters and global warming. ↘//
           プリヴェント                 グロウバル

What science has revealed is amazing and many facts are still to

be discovered. ↘// The smaller the data loggers become, the more
ディスカヴァド

they will be used with a wider range of animals. ↘// Biologging will
                                レインヂ

evolve. ↘ // This will allow us to obtain more valuable data about
イヴァルヴ                アラウ     オブテイン      ヴァリャブル

animals and the natural environment. ↘//

## Oceans cover almost 70% of the earth's surface.
**「大洋は、地表のほぼ70%を覆っています」**

%＝percent「パーセント」

percent [pərsént パセント] 图「パーセント」

the earth's surface「地表」

surface [séːrfəs サーフェス] 图「表面、地面」

● ocean「大洋、海」は太平洋などの広大な海を指す。seaは身近にある
一般的な海を指す。

## So, it is extremely important to record water temperatures precisely.
**「だから、水温を正確に記録することは非常に大切です」**

extremely [ikstríːmli イクストリームリ] 副「非常に」

● soの直前に原因・理由が、直後に結果が置かれる。ここでは直前の1
文の内容が、it is extremely important to record water temperatures
preciselyの理由である。

## This will help prevent weather disasters and global warming.
**「これは気象災害や地球温暖化を防ぐのに役立ちます」**

help prevent ～「～を防ぐのに役立つ」〈help ＋ 動詞の原形〉で、「～
するのを助ける」「～するのに役に立つ」という意味を表す。

prevent [privént プリヴェント] 動「～を防ぐ」

global [glóubəl グロウバル] 形「地球規模の、世界的な」

● Thisは直前のto record water temperatures precisely「水温を正確に
記録すること」を指す。

## What science has revealed is amazing and many facts are still to be discovered.
**「科学が明らかにしたことは驚くべきもので、たくさんの事実がまだ発見され
ていません」**

be still to be discovered「まだ発見されていない」

discover [diskÁvər ディスカヴァ] 動「～を発見する」

● Whatは関係代名詞。What science has revealedは「科学が明らかに
したこと」という意味である。

● 〈be動詞 + to be + 動詞の過去分詞〉は「〜されることになっている」「〜されるべき状態である」という「予定」や「義務」を表す。are still to be discovered「現時点ではまだ発見されていない」には、「まだ発見されることになっている」「まだ発見されるべき状態である」というニュアンスが含まれている。

## The smaller the data loggers become, the more they will be used with a wider range of animals.
**「データロガーが小さくなればなるほど、それだけいっそう、よりさまざまな動物と共に利用されるようになるでしょう」**

The smaller 〜, the more ... 「〜が小さければ小さいほど、それだけいっそう…」

a wide range of 〜 「広範囲の〜」

range [réindʒ レインヂ] 图「範囲」

● 〈the 比較級 + 主語 + 動詞〜, the 比較級 + 主語 + 動詞 ...〉は「〜すればするほどいっそう…だ」という意味を表す。

<u>The more famous</u> he became, <u>the lonelier</u> he felt.
　　　　比較級　　　　　　　　　　　比較級

(有名になればなるほど、彼はより寂しく感じました)

## Biologging will evolve.
**「バイオロギングは進化するでしょう」**

evolve [iválv イヴァルヴ] 動「進化する」

## This will allow us to obtain more valuable data about animals and the natural environment.
**「これは、私たちが動物と自然環境に関するより貴重なデータを得ることを許すでしょう [バイオロギングの進化によって、私たちは動物と自然環境に関するより貴重なデータを得ることができるでしょう]」**

allow [əláu アラウ] 動「〜を許す」

obtain [əbtéin オブテイン] 動「〜を得る」

valuable [væljəbl ヴァリャブル] 形「高価な、貴重な」

● This は直前の1文の内容である「バイオロギングは進化するであろうこと」を指す。

● 〈allow + 人 + to + 動詞の原形〉は「人が〜することを許す」、「人が〜することを可能にする」と言うときに使われる。

大洋は、地表のほぼ70%を覆っています。だから、水温を正確に記録することは非常に大切です。これは気象災害や地球温暖化を防ぐのに役立ちます。

科学が明らかにしたことは驚くべきもので、たくさんの事実がまだ発見されていません。データロガーが小さくなればなるほど、それだけいっそう、よりさまざまな動物と共に利用されるようになるでしょう。バイオロギングは進化するでしょう。これは、私たちが動物と自然環境に関するより貴重なデータを得ることを許すでしょう［バイオロギングの進化によって、私たちは動物と自然環境に関するより貴重なデータを得ることができるでしょう］。

## CHECK! 確認しよう

❶ 「何が地表の70％を占めていますか」

教科書p.96の1〜2行目参照。Oceans cover almost 70% of the earth's surface. とある。

❷ 「科学の領域には、まだ発見されていない多くの事実がありますか」

教科書p.96の5〜6行目参照。What science has revealed is amazing and many facts are still to be discovered. とある。

## TALK! 話してみよう

「私は 彼らがどれくらい長く水中にいるか／彼らが何を食べるのか／彼らはどれくらい深く潜るのか を研究するでしょう」

ブラウン先生の質問は「（ペンギンにデータロガーを取り付けるとしたら）あなたは何を研究するでしょうか」。自分が研究するであろう内容を答える。

## WORD BUILDER 語彙力をつけよう

### 2語で構成される、環境に関する語句

| 語句 | 意味 |
|---|---|
| carbon dioxide ［カーボン］［ダイアクサイド］ | 二酸化炭素 |
| clean energy | クリーンエネルギー |
| fossil fuel ［フューエル］ | 化石燃料 |
| global warming | 地球温暖化 |

| ozone layer<br>[**オ**ウゾウン] [**レイ**ア] | オゾン層 |
|---|---|
| soil pollution<br>[ポ**ル**ーション] | 土壌汚染 |
| solar power<br>[**ソ**ウラ] | 太陽光発電 |
| wind energy | 風力エネルギー |

**例文の和訳**

　私は気候変動が最も重要な問題だと思います。地球温暖化は気候変動の原因の一つだと言われています。私たちはよりクリーンなエネルギーを使うべきです。

- climate change「気候変動」
- It is said that ～.「～と言われている」
- clean energy「クリーンエネルギー」　二酸化炭素や窒素酸化物など、大気汚染や地球温暖化の原因となる有害物質を排出しない、あるいは排出量が少ないエネルギー(源)。

## SUM UP!　要約しよう

- 「バイオロギングは動物につけられた (❶) 装置を使ってデータを集める方法です」　教科書p.92の1～3行目にA small <u>recording</u> instrument ～. Carrying the logger, the animals collect dataとある。
- 「そして彼らの (❷) と、正確な海水温が (❸) にされました」　教科書p.94の8～10行目にIt was this project that <u>revealed</u> both sea turtle <u>behavior</u> and accurate sea temperatures.とある。
- 「バイオロギングは (❹) でしょう」　教科書p.96の8～9行目にBiologging will <u>evolve</u>.とある。

**語句**　～を記録する　　進化する　　行動　　～が明らかにされる

## PRACTICE!　練習しよう

1. 〈動詞の-ing形, 主語＋動詞 ...〉を使って校内での出来事を英語で書く問題

　　**例** Twenty students from Australia arrived at our school on Sunday. **Looking** a little tired after the long flight, they still smiled and had a friendly conversation with us.  On Monday, they enjoyed many activities with us.  They will spend the next two weeks in our school, **making** friends and wonderful memories.

● Lookingの部分は「～にもかかわらず…だ」という譲歩を表す分詞構文である。

訳 20人のオーストラリアからの学生が、日曜日に私たちの学校に到着しました。長旅の後で少し疲れているようでしたが、彼らはなおにこやかで、私たちと気さくに会話をしました。月曜日に、彼らは私たちと多くの活動を楽しみました。彼らは友だちとすばらしい思い出を作りながら、次の2週間を私たちの学校で過ごす予定です。

## 2．It is ～ that .... を使って、対話をする問題

例 友だち：What food do you like best?  Pizza?
あなた：No.  **It's** sushi **that** I like best.
友だち：Why do you like it?
あなた：Because I like seafood a lot.  It's healthy and very delicious.
友だち：I see.

● It's ～ that .... は「…するのは～だ」という強調構文。It'sとthatの間に強調する語が置かれる。

訳 友だち：あなたはどんな食べ物がいちばん好きですか。ピザですか。
あなた：いいえ。私がいちばん好きなのはすしです。
友だち：なぜそれが好きなのですか。
あなた：私はシーフードがとても好きだからです。健康によく、おいしいです。
友だち：なるほど、そうですか。

## 3．いちばん気に入った料理を聞き取る音声問題

スクリプト

**Yui** : Hi, Mike.  How was your trip?
**Mike:** It was great!  I visited many places, but what I enjoyed most was the food.
**Yui** : What did you like the best?
**Mike:** Japanese noodles!  It was the soup that *really* loved.

**Question:** Which dish did Mike enjoy the best?

聞き取りのポイント

　質問は「マイクはどの料理をいちばん楽しみましたか」である。結衣のWhat did you like the best?「あなたは何がいちばん気に入りましたか」の答えと、それに続く1文を聞き取る。

● It was the soup that I *really* loved. は過去の強調構文。

スクリプト訳

| | |
|---|---|
| 結衣　　：あら、マイク。旅行はどうだった？ |
| マイク：すごくよかったよ！　いろいろな所を訪ねたけれど、いちばん楽しんだのは食べ物だよ。 |
| 結衣　　：何がいちばん気に入ったの？ |
| マイク：日本の麺だよ！　本当に気に入ったのは、つゆだった。 |
| 質問　　：マイクはどの料理をいちばん楽しみましたか。 |

語句

☆ device [diváis ディ**ヴァ**イス] 图「道具、装置」

# |||||||||||||| CHALLENGE YOURSELF! ||||||||||||||

**1．文脈を把握して自分の考えや意見を書こう。**

　I wanted to check if my cat, Sora, steals cat food while I'm out.  I was afraid she stole her food from the storage container in the kitchen cupboard.  I attached a very small data logger and a camera to her collar and left her alone at home.  It turned out that she did walk into the kitchen, opened the cupboard and the lid of the container, and enjoyed her favorite food!

　Thank you for reading my blog.
　If you had a cat, where would you keep its food?  Let me know.
　Your answer : In ❶＿＿＿＿＿＿＿＿ , because
　　　　　　　❷＿＿＿＿＿＿＿＿ .

● ❶　キャットフードを盗み食いしている猫の飼い主のブログ。キャットフードの保管場所をたずねている。お勧めの保管場所を答える。

- ❷ ❶の場所がよいと思う理由を述べる。

---

❶ *冷蔵庫　　　*学習室　　　　*貯蔵室
❷ *ドアに鍵がかかる　　　*ドアが重い

---

和訳

　私は、飼い猫のソラが私の外出中にキャットフードを盗み食いしているか
どうかを確認したいと思いました。彼女がキッチンの食器戸棚にある保存容
器からフードを盗っているのではないかと思いました。私はとても小さいデー
タロガーとカメラを彼女の首輪に取り付け、家に一匹だけにしておきました。
彼女は確かにキッチンへ歩いていき、食器戸棚を開けて容器のふたを取り、
大好きなフードを味わっていることが判明しました！

　私のブログを読んでくれてありがとう。
　もしあなたが猫を飼っていたら、その食べ物をどこに保管しておきますか。
私に知らせてください。

## 2. 自分の立場でコメントを書いてみよう。

　I was so happy when I found your very interesting blog about
an animal logger.　I've been wondering ❶＿＿＿＿＿＿＿ in
a day since I visited the zoo.　I'm convinced that a small data
logger and a camera will tell me the answer.　❷＿＿＿＿＿＿
＿＿＿＿

- ❶ I've been wondering 〜 . は「私は〜をずっと疑問に思っていました」
  という意味。〈疑問詞＋主語＋動詞〉の形で、自分が疑問に思うこ
  とを書く。

---

❶ *キリンはどれくらい睡眠をとるのか
　*バクはどれくらい食事をとるのか

---

和訳

　私は動物ロガーについてのあなたの興味深いブログを見つけたとき、とて
もうれしかったです。私は動物園を訪れてから、1日に❶＿＿＿＿＿＿＿
＿＿＿をずっと疑問に思っていました。私は小さいデータロガーとカメラが答

えを教えてくれるだろうと確信しています。

**語句**

☆ steal [stíːl スティール] 動「～を盗む」
☆ stole [stóul ストウル] 動「steal の過去形」
☆ storage [stɔ́ːridʒ ストーリヂ] 名「保管」
☆ container [kəntéinər コンテイナ] 名「容器」
☆ collar [kálər カラ] 名「えり、首輪」
☆ blog [blɔ́ːg ブローグ] 名「ブログ」
☆ storeroom [stɔ́ːrrùːm ストールーム] 名「貯蔵室」
☆ convinced [kənvínst コンヴィンスト] 形「確信して」
☆ tapir [téipər テイパ] 名「バク」

テキストを
読んでみよう

**READ ON!**

教科書p.100

### Dolphins' Amazing Abilities
アビリティズ

Dolphins have a number of abilities which other aquatic animals do not have. ↘ // For example, they can swim very fast — around 40 kilometers an hour! ↘// They can dive very deep under the sea
ディープ
without suffering from changes in water pressure. ↘ // Their sense
プレシャ
of hearing is much sharper than that of humans. ↘ // They send
シャーパ
out high-frequency sound waves to find out what objects are in the
フリークウェンスィ                                    アブヂクツ
water. ↘// In addition, they communicate by sound and warn each
ウォーン

other when danger is near. ↘ // Because of these abilities, many
**ディンヂャ**

scientists are interested in studying dolphins. ↘//

**語句・文の研究**

## Dolphins' Amazing Abilities
## 「イルカの驚くべき能力」

ability [əbíləti アビリティ] 图「能力」
- abilities は ability の複数形。

## Dolphins have a number of abilities which other aquatic animals do not have.
## 「イルカは他の水生動物が持っていない多くの能力を持ち合わせています」

- a number of ～「多くの～、いくつかの～」
- aquatic animal「水生動物」

## They can dive very deep under the sea without suffering from changes in water pressure.
## 「彼らは水圧の変化に苦しむことなく、海にとても深く潜ることができます」

deep [díːp ディープ] 副「深く」
water pressure「水圧」
pressure [préʃər プレシャ] 图「圧力」
- without「～なしで」
- suffer from ～「～に苦しむ」

## Their sense of hearing is much sharper than that of humans.
## 「彼らの聴覚は人間のものよりずっと鋭いです」

sense of hearing「聴覚」
sharp [ʃáːrp シャープ] 形「鋭い」
- この Their は Dolphins' と同意。
- than that of humans「人間のそれよりも」 ここではイルカと人間の聴覚を比べているので、that of humans (=sense of hearing of humans) の形にする必要がある。that of がないとイルカの聴覚と人間を比べることになり、比較の対象にならない。

148

**They send out high-frequency sound waves to find out what objects are in the water.**

**「彼らは水中にどんなものがあるかを探し出すために、高周波音波を出します」**

high-frequency sound waves「高周波音波」

frequency [fríːkwənsi フリークウェンスィ] 名「頻繁さ、周波数」

object [ábdʒikt アブヂクト] 名「物」

● send out「送り出す、送信する」

● find out「探し出す」

**In addition, they communicate by sound and warn each other when danger is near.**

**「さらに、近くに危険が迫ったとき、彼らは音によって伝達し、警告し合います」**

warn [wɔ́ːrn ウォーン] 動「警告する」

danger [déindʒər デインヂャ] 名「危険」

● in addition「さらに、加えて」

**Because of these abilities, many scientists are interested in studying dolphins.**

**「これらの能力のため、多くの科学者はイルカの研究に興味を持つのです」**

● because of ~「~のために」

和訳

イルカの驚くべき能力

イルカは他の水生動物が持っていない多くの能力を持ち合わせています。例えば、彼らはとても速く泳ぐことができます——時速40キロメートルほどです！　彼らは水圧の変化に苦しむことなく、海にとても深く潜ることができます。彼らの聴覚は人間のものよりずっと鋭いです。彼らは水中にどんなものがあるかを探し出すために、高周波音波を出します。さらに、近くに危険が迫ったとき、彼らは音によって伝達し、警告し合います。これらの能力のため、多くの科学者はイルカの研究に興味を持つのです。

# The Open Window

ジ　オウプン　ウィンドウ　　　　　　　　　　　　　　開いた窓

イギリスの作家サキ (1870〜1916) の、ユーモアとウィットにあふれた物語です。病気の療養のために田舎に滞在することになったフラムトン・ナトル氏は、訪問した屋敷で奇妙な話を聞きます。

## テキストを読んでみよう①　　　　　　　　　　　　教科書p.104

"My aunt will be down soon, Mr. Nuttel," said the confident young
ナトル　　　　　　　　　　　　　　　カンフィデント
woman. ↘ // "I'll take care of you while you wait." ↘ // She looked

about fifteen years old. ↘//

Framton Nuttel didn't know the young woman, her aunt or any of
フラムトン
the people he was visiting. ↘ // This country vacation was to calm
　　　　　　　　　　　　　　　　　　　　　　　　　　　　カーム
his nerves. ↘//
ナーヴズ
"I know how it will be," his sister had said when he was getting

ready. ↘ // "You'll hide and not talk with anyone. ↘ // Your nerves
　　　　　　　　　　ハイド
will probably get worse." ↘ // She gave him introduction letters to

people, saying, "As far as I remember, they were nice." ↘//

Framton wondered if Mrs. Sappleton, the lady he was about to
　　　　　　　　　　　　　　サプルトン
meet, was "nice." ↘//

### 語句・文の研究

**"My aunt will be down soon, Mr. Nuttel," said the confident young woman.**
**「『おばはすぐに降りて参ります、ナトルさん』と、自信にあふれた若い女性は言いました」**

be down「(階)下に降りて」　　confident [カンフィデント] 形「自信にあふれた」

## This country vacation was to calm his nerves.
**「この田舎での静養は、自身の神経過敏を静めるためでした」**

country vacation「田舎での静養」　　calm [カーム] 動「～を静める」
nerve [ナーヴ] 名「〔nerves〕神経過敏」

## "You'll hide and not talk with anyone.
**「『あなたは引きこもって、だれとも話さないでしょう』」**

hide [ハイド] 動「隠れる」

## She gave him introduction letters to people, saying, "As far as I remember, they were nice."
**「『覚えている限りでは、彼らは素敵な人たちだったわ』と言いながら、彼女は彼に紹介状を渡しました」**

as far as ～「～する限りでは」

## Framton wondered if Mrs. Sappleton, the lady he was about to meet, was "nice."
**「フラムトンは、もうすぐ会う女性のサプルトン夫人が『素敵な人』であるかどうかと考えていました」**

be about to ～「もうすぐ～する」

和訳

　「おばはすぐに降りて参ります、ナトルさん」自信にあふれた若い女性は言いました。「あなたがお待ちになる間、私がお相手をいたします」彼女は15歳くらいに見えました。
　フラムトン・ナトルはその若い女性、彼女のおば、そして訪問先のだれとも面識がありませんでした。この田舎での静養は、自身の神経過敏を静めるためでした。
　「これからどんなふうになるのか察しがつくわ」彼が身支度をしているとき、彼の姉［妹］は言い続けていました。「あなたは引きこもって、だれとも話さないでしょう。あなたの神経過敏は、おそらくさらに悪くなるでしょうね」「覚えている限りでは、彼らは素敵な人たちだったわ」と言いながら、彼女は彼に紹介状を渡しました。
　フラムトンは、サプルトン夫人、もうすぐ会う女性が「素敵な人」であるかどうかと考えていました。

"Do you know many people around here?" asked the niece after a long moment of silence. ↘//
　　　　　モウメント　　　サイレンス

"Hardly anyone," said Framton. ↘// "My sister stayed at the rectory
　　　　　ハードリ　　　　　　　　　　　　　　　　　　　　　　　　　レクトリ
here over four years ago. ↘// She gave me letters of introduction to some people." ↘//

He spoke in a regretful voice. ↘//
　　　　　　　　　リグレトフル

"Then you know nothing about my aunt?" continued the young lady. ↘//

"Only her name and address," admitted Framton. ↘// He wondered
　　　　　　　　　　　　　　　アドミテド
whether Mrs. Sappleton was married or a widow. ↘// The room felt
（ホ）ウェザ　　　　　　　　　　　　　　　　　　　　　　　ウィドウ
as if a man lived here. ↘//

"Her great tragedy happened just three years ago," said the girl. ↘//
　　　　　トラヂェディ
"That would be after your sister left." ↘//

"Her tragedy?" ↗// asked Framton. ↘// He couldn't imagine a tragedy in this peaceful place. ↘//
　　　　　　　　　　　　　　　　　ピースフル
"You may wonder why we keep that window wide open in October," said the niece. ↘ // She pointed at a large French window that opened on to a lawn. ↘//

"It's quite warm for this time of year," said Framton. ↘ // "What does that window have to do with the tragedy?" ↘//

語句・文の研究

**"Do you know many people around here?" asked the niece after a long moment of silence.**
「『このあたりに顔見知りの方が大勢いらっしゃいますの？』長い沈黙の後、めいがたずねました」
　　　moment [モウメント] 图「瞬間、時」　　silence [サイレンス] 图「静けさ、沈黙」

**"Hardly anyone," said Framton.**
「『ほとんどだれも』とフラムトンは言いました」
　　　Hardly anyone. 「ほとんどだれも (知りません)」
　　　hardly [ハードリ] 圖「ほとんど〜ない」

**"My sister stayed at the rectory here over four years ago.**
「『姉 [妹] がここの牧師館に4年以上前におりました』」
　　　rectory [レクトリ] 图「牧師館」

**He spoke in a regretful voice.**
「彼は残念そうな声で話しました」
　　　regretful [リグレトフル] 圏「遺憾の意を表する」

**"Only her name and address," admitted Framton.**
「『お名前とご住所だけです』とフラムトンは言いました」
　　　admit [アドミト] 働「〜と認める、〜と言う」

**He wondered whether Mrs. Sappleton was married or a widow.**
「彼は、サプルトン夫人が結婚しているのか、それとも未亡人なのだろうかと思いました」
　　　whether [(ホ)ウェザ] 圖「〜かどうか」　　widow [ウィドウ] 图「未亡人」

**"Her great tragedy happened just three years ago," said the girl.**

■「『おばの大きな悲劇はちょうど3年前に起きました』と少女は言いました」
　tragedy［トラヂェディ］图「悲劇」

■ He couldn't imagine a tragedy in this peaceful place.
■「彼はこの平和な場所での悲劇を想像することができませんでした」
　peaceful［ピースフル］形「平和な」

■ She pointed at a large French window that opened on to a lawn.
■「彼女は芝生に面した大きなフランス窓を指さしました」
　opened on to a lawn「芝生に面した」

■ "It's quite warm for this time of year," said Framton.
■「『この時期にしては、とても暖かいですね』とフラムトンは言いました」
　for ～「～のわりには」

■ "What does that window have to do with the tragedy?"
■「『その窓と悲劇にはどんな関係があるのですか』」
　have ～ to do with ...「…と～の関係がある」

和訳

　「このあたりに顔見知りの方が大勢いらっしゃいますの？」長い沈黙の後、めいがたずねました。「ほとんどだれも」とフラムトンは言いました。「姉［妹］がここの牧師館に4年以上前におりました。彼女は私に、数名の人への紹介状を持たせてくれました」彼は残念そうな声で話しました。
　「では、あなたは私のおばのことを何もご存じないと？」と若い女性は続けました。「お名前とご住所だけです」とフラムトンは言いました。彼は、サプルトン夫人が結婚しているのか、それとも未亡人なのだろうかと思いました。その部屋はまるで男性が住んでいるような感じがしました。
　「おばの大きな悲劇はちょうど3年前に起きました」と少女は言いました。「それはあなたのお姉さん［妹さん］が去った後の出来事でしょう」
　「彼女の悲劇ですって？」とフラムトンはたずねました。彼はこの平和な場所での悲劇を想像することができませんでした。
　「あなたは、私たちが10月になぜ窓を大きく開けたままにしておくのか、不思議に思われるかもしれません」とめいは言いました。彼女は芝生に面した大きなフランス窓を指さしました。「この時期にしては、とても暖かいですね」

154

とフラムトンは言いました。「その窓と悲劇にはどんな関係があるのですか?」

## テキストを読んでみよう③　　　　　　　　　　教科書p.106

"Three years ago from today, her husband and two young brothers went hunting. ↘// They left through that window and never came back. ↘// When they were crossing the moors, they got stuck in a bog. ↘ // It had been a terrible, wet summer. ↘ // Safe places were suddenly dangerous. ↘// Their bodies were never found. ↘// That was the worst thing." ↘// The girl began to shiver. ↘ // "Poor aunt always thinks they'll come back someday with our brown spaniel. ↘ // It was lost, too. ↘ // She thinks they'll walk in through that window. ↘// That's why the window is kept open every evening until sunset. ↘// Dear aunt often talks about it. ↘// Her husband had his white coat over his arm. ↘// And Ronnie, her youngest brother, was singing, 'Bertie, why do you bound?' ↘ // He always sang that to tease her. ↘// You know, sometimes on quiet evenings like this, I almost get a strange feeling that they'll all walk in through that window...." ↘//

Just then the aunt rushed into the room, apologizing for being

155

late. ↘// It was a relief for Framton. ↘//

"I hope Vera has been nice to you?" she said. ↘//
ヴィアラ

"She has been very interesting," replied Framton. ↘//

"I hope you don't mind the open window," said Mrs. Sappleton

happily. ↘ // "My husband and brothers will be home soon from

hunting. ↘// They always come in this way. ↘// They've been out in

the moors today. ↘// So, they'll get mud on my poor carpets." ↘//

She talked cheerfully about hunting and how there wouldn't be
チアフリ

many birds this winter. ↘ // For Framton, the topic was terrible. ↘ //

He made a desperate effort to change the conversation to something
デスパレト

less upsetting. ↘//

リリーフ

---

## 語句・文の研究

**"Three years ago from today, her husband and two young brothers went hunting.**
「『今日から3年前、彼女の夫と2人の弟は狩りに出かけました』」
　　hunting [ハンティング] 图「狩り、狩猟」

**When they were crossing the moors, they got stuck in a bog.**
「『彼らは荒れ地を横切っているとき、沼にはまったのです』」
　　moor [ムア] 图「荒れ地」　　get stuck in a bog「沼にはまる」
　　stuck [スタク] 形「つっかえた、行き詰まった」　　bog [バグ] 图「沼地」

**Their bodies were never found.**
「『彼らの遺体は決して見つかりませんでした』」
　　body「遺体」

**The girl began to shiver.**
「『少女はふるえ始めました』」
　　　shiver [シヴァ] 動「ふるえる」


**He always sang that to tease her.**
「『彼はいつも彼女をからかってその歌を歌いました』」
　　　tease [ティーズ] 動「〜をからかう」


**Just then the aunt rushed into the room, apologizing for
being late.**
「ちょうどそのとき、おばが部屋に駆け込んできて遅れたことを詫びました」
　　　apologize [アパロヂャイズ] 動「謝る」


**It was a relief for Framton.**
「それはフラムトンにとって救いでした」
　　　relief [リリーフ] 名「安心、安堵」


**So, they'll get mud on my poor carpets.**
「だから、私のかわいそうなカーペットに泥をつけてしまうことでしょう」
　　　get mud on 〜「〜に泥をつける」


**She talked cheerfully about hunting and how there wouldn't
be many birds this winter.**
「彼女は狩りと、この冬にはたくさんの鳥はいないだろうことについて、楽し
そうに話しました」
　　　cheerfully [チアフリ] 副「楽しそうに」


**He made a desperate effort to change the conversation to
something less upsetting.**
「彼は差しさわりのない話題に変えようと必死の努力をしました」
　　　desperate [デスパレト] 形「必死の」
　　　something less upsetting「それほど動揺しないこと」

　「今日から3年前、彼女の夫と2人の弟は狩りに出かけました。彼らはその窓から出ていき、二度と戻ってきませんでした。彼らは荒れ地を横切っているとき、沼にはまったのです。恐ろしい、湿った日が続く夏でした。安全な場所が突然危険になったのです。彼らの遺体は決して見つかりませんでした。それは最悪なことでした」少女はふるえ始めました。「気の毒なおばはいつも、いつか彼らが茶色のスパニエル犬を連れて帰ってくるだろうと思っているのです。それも行方不明になったのですよ。おばは、彼らは歩いてその窓から入ってくると思っています。ですから、その窓は毎晩、日が暮れるまで開けたままになっているのです。おばは、よくその話をしますのよ。彼女の夫は、白いコートを腕にかけていました。そして彼女の末の弟のロニーは歌っていました、『バーティー、なぜ跳ねるんだ？』彼はいつも彼女をからかってその歌を歌いました。それで、このように静かな晩には時々、彼らがあの窓から歩いて入ってくるのではないかという、奇妙な気持ちになりますの」

　ちょうどそのとき、おばが部屋に駆け込んできて遅れたことを詫びました。それはフラムトンにとって救いでした。「ヴェラはお行儀よくしていましたかしら？」と彼女は言いました。「彼女は実におもしろかったですよ」フラムトンは答えました。「開いている窓をお気になさらないでくださいね」と、サプルトン夫人は楽し気に言いました。「夫と弟たちは間もなく狩りから戻りますわ。彼らはいつもここから入って来ますのよ。彼らは、今日は荒れ地に出かけていますわ。だから、私のかわいそうなカーペットに泥をつけてしまうことでしょう」

　彼女は狩りと、この冬にはたくさんの鳥はいないだろうことについて、楽しそうに話しました。フラムトンにとって、その話題は恐ろしいものでした。彼は差しさわりのない話題に変えようと必死の努力をしました。

## テキストを読んでみよう④

But he noticed that the aunt wasn't paying attention. ↘ // She
ノウティスト                                         アテンション

kept looking out the window. ↘ // It was certainly an unfortunate
                                              アンフォーチュネト

coincidence that he had paid a visit on this sad anniversary. ↘//
コウインスィデンス        ペイド                    アニヴァーサリ

Nervously, Framton talked about his mental health. ↘// He needed
ナーヴァスリ

rest and shouldn't get excited. ↘ // And no heavy exercise. ↘ // He

talked and talked. ↘//

Mrs. Sappleton was about to yawn but suddenly sat up. ↘//

"Here they are at last!" she cried. ↘// "Just in time for tea. ↘// And

they're covered in mud." ↘//

Framton shivered. ↘ // He looked sympathetically toward the
                                          シンパセティカリ

niece. ↘// But the girl was staring through the open window and her
                         ステアリング

eyes were filled with horror. ↘ // Framton turned and looked in the

same direction. ↘//

In the twilight, three figures were walking across the lawn toward
トワイライト

the window. ↘// They all carried guns and one man had a white coat

over his shoulders. ↘ // A brown spaniel walked close behind. ↘ //

Quietly they neared the house. ↘// Then a loud voice began to sing,
クワイエトリ

"Bertie, why do you bound?" ↘//

**But he noticed that the aunt wasn't paying attention.**
「しかし彼は、おばが注意を払っていないことに気づきました」
　　notice [ノウティス] 動「～に気がつく」　　pay attention「注意を払う」

**She kept looking out the window.**
「彼女は窓から外を見続けました」
　　look out ～「～から外を見る」

**It was certainly an unfortunate coincidence that he had paid a visit on this sad anniversary.**
「彼がこの悲しい記念日に訪問したのは、確かに不幸な偶然でした」
　　unfortunate coincidence「不幸な偶然」　　unfortunate [アンフォーチュネト] 形「不幸な」
　　coincidence [コウインスィデンス] 名「偶然の一致」
　　pay a visit「訪問する」
　　anniversary [アニヴァーサリ] 名「(年ごとの) 記念日」

**Nervously, Framton talked about his mental health.**
「神経質になって、フラムトンは自身の心の健康について話しました」
　　nervously [ナーヴァスリ] 副「神経質に、びくびくして」

**"Here they are at last!" she cried.**
「『やっと帰ってきましたわ！』と彼女は叫びました」
　　at last「やっと」

**"Just in time for tea.**
「『ちょうどお茶の時間に間に合いました』」
　　jusy in time for ～「ちょうど～の時間に間に合って」
　　tea「(夕方の軽めの) 食事」

**He looked sympathetically toward the niece.**
「彼は同情してめいの方を見ました」
　　sympathetically [シンパセティカリ] 副「同情して」

**But the girl was staring through the open window and her eyes were filled with horror.**

「しかし彼女は開いた窓の向こうをじっと見つめ、目は恐怖に満ちあふれていました」

stare [ステア] 動「じっと見つめる」

be filled with 〜「〜でいっぱいになる」

**In the twilight, three figures were walking across the lawn toward the window.**

「薄明かりの中、3つの人影が芝生を横切り、窓に向かって歩いていました」

twilight [トワイライト] 名「薄明かり、夕暮れ」

**A brown spaniel walked close behind.**

「茶色いスパニエル犬がすぐ後ろを歩いていました」

close behind「すぐ後ろに」

**Quietly they neared the house.**

「静かに、彼らは家に近づいてきました」

quietly [クワイエトリ] 副「静かに」

和訳

　しかし彼は、おばが注意を払っていないことに気づきました。彼女は窓から外を見続けました。彼がこの悲しい記念日に訪問したのは、確かに不幸な偶然でした。

　神経質になって、フラムトンは自身の心の健康について話しました。彼は休養が必要で、興奮するべきではないということ。そして激しい運動もだめだということ。彼は話しまくりました。

　サプルトン夫人はまさにあくびをするところでしたが、突然立ち上がりました。「やっと帰ってきましたわ！」と彼女は叫びました。「ちょうどお茶の時間に間に合いました。それに彼らは泥まみれです」

　フラムトンはふるえました。彼は同情してめいの方を見ました。しかし彼女は開いた窓の向こうをじっと見つめ、目は恐怖に満ちあふれていました。フラムトンはふり向き、同じ方向を見ました。

　薄明かりの中、3つの人影が芝生を横切り、窓に向かって歩いていました。彼らはみな銃を抱え、1人の男性は白いコートを羽織っていました。茶色いスパニエル犬がすぐ後ろを歩いていました。静かに、彼らは家に近づいてきました。そして、大きな声が歌い始めました、「バーティー、なぜ跳ねるんだ？」

Framton grabbed his hat and ran through the hall door, down the
gravel drive, past the front gate. ↘ // A cyclist just missed him and
グラヴェル　　　　　　　　　　サイクリスト
ran into the hedge. ↘//
ヘヂ

"Hello, my dear," said the man with the white coat coming through
the window. ↘ // "Just a little muddy. ↘ // Who was that person
マディ
rushing out?" ↘//

"Mr. Nuttel, a very strange man," said Mrs. Sappleton. ↘ // "He
only talked about his illnesses. ↘ // Then he ran off without saying
イルネスィズ
goodbye when you arrived.↘// You'd think he had seen a ghost." ↘//

"Maybe it was the spaniel," said her niece calmly.↘// "He told me
カームリ
that once he was attacked by a pack of wild dogs in India.↘//  He
spent the night in an empty grave with the dogs snarling above
グレイヴ　　　　　　　　　　スナーリング
him.↘// That would terrify anyone." ↘//
テリファイ

Telling tales at short notice was her specialty. ↘//
テイルズ

**Framton grabbed his hat and ran through the hall door, down the gravel drive, past the front gate.**
**「フラムトンは帽子をつかむとホールのドアを走り抜け、屋敷内の砂利の車道を突き進み、正門をくぐりました」**
gravel drive「屋敷内の砂利の車道」

**A cyclist just missed him and ran into the hedge.**
「自転車に乗った人がもう少しで彼にぶつかりそうになり、生け垣に突っ込みました」
　　cyclist [サイクリスト] 图「自転車に乗る人」
　　just miss ～「もう少しで～にぶつかりそうになる」　　hedge [ヘヂ] 图「生け垣」

**"Just a little muddy. Who was that person rushing out?"**
「『少し泥がついたな。飛び出していった人はだれだね？』」
　　muddy [マディ] 形「泥だらけの」　　rush out「飛び出す」

**"He only talked about his illnesses.**
「『ご自分の病気のことしかお話しになりませんでしたわ』」
　　illness [イルネス] 图「病気」

**Then he ran off without saying goodbye when you arrived.**
「『それから、あなたが着いたらさようならも言わずに逃げておしまいになったの』」
　　run off「逃げる」

**"Maybe it was the spaniel," said her niece calmly.**
「『たぶんスパニエルですわ』と、彼女のめいは落ち着いて言いました」
　　calmly [カームリ] 副「落ち着いて」

**"He told me that once he was attacked by a pack of wild dogs in India.**
「『彼は私に、かつてインドで野犬の群れに襲われたことがあるとおっしゃいました』」
　　pack「群れ」

**He spent the night in an empty grave with the dogs snarling above him.**
「『彼は頭の上でうなっている犬と共に、空っぽのお墓の中で一晩過ごされたのです』」
　　grave [グレイヴ] 图「墓」　　snarl [スナール] 動「うなる」

**That would terrify anyone."**
「『その状況ではだれだってこわいでしょうね』」

terrify [テリファイ] 動 「こわがらせる」

## Telling tales at short notice was her specialty.
**「とっさの作り話をすることは、彼女の得意技でした」**

telling tales at short notice「とっさの作り話をすること」

　フラムトンは帽子をつかむとホールのドアを走り抜け、屋敷内の砂利の車道を突き進み、正門をくぐりました。自転車に乗った人がもう少しで彼にぶつかりそうになり、生け垣に突っ込みました。

　「ただいま」と白いコートを羽織った男性が窓を通り抜けながら言いました。「少し泥がついたな。飛び出していった人はだれだね？」

　「ナトルさん、とても変わった方よ」とサプルトン夫人は言いました。「ご自分の病気のことしかお話しになりませんでしたわ。それから、あなたが着いたらさようならも言わずに逃げておしまいになったの。あなたは、彼が幽霊でも見たのだと思うでしょうね」

　「たぶんスパニエルですわ」と、彼女のめいは落ち着いて言いました。「彼は私に、かつてインドで野犬の群れに襲われたことがあるとおっしゃいました。彼は頭の上でうなっている犬と共に、空っぽのお墓の中で一晩過ごされたのです。その状況ではだれだってこわいでしょうね」

　とっさの作り話をすることは、彼女の得意技でした。

# The Christmas Truce

ザ　クリスマス　トルース　　　　　　　　　　クリスマスの休戦

1914年に勃発した第一次世界大戦において、イギリスとドイツは激しい戦闘を
繰り広げていました。そのような中、クリスマスを迎えたときに、戦地で起きた
「奇跡」とは？

## テキストを読んでみよう① 　　　　　　　　　　　　　　　　教科書p.109

World War I, which was also called the Great War, was a terrible

event. ↘ // It started in the summer of 1914 and continued until

November 1918 — over four long years. ↘// It was fought in Europe

between the Allied Powers, made up mostly of British, French and
　　　　　　　　　アライド

Russian armies, and the Central Powers, which included soldiers
　　　　アーミズ　　　　　　　　　　　　　　　　　インクルーディド　ソウルヂャズ

from Germany, the Austria-Hungary Empire, Turkey and Bulgaria. ↘//
　　　　　　　　　　オーストリアハンガリ　エンパイア　　　　　　　バルゲアリア

In the beginning, many of the countries believed the war would

end quickly. ↘ // Each army thought that their side would win. ↘ //

Most soldiers hoped they would be home for Christmas. ↘ // But

they were wrong. ↘// At the end of 1914, after five months of bloody
　　　　　　　　　　　　　　　　　　　　　　　　　　　　　　プラディ

fighting, tens of thousands of people had died. ↘// And the war had
ファイティング

a long way to go. ↘//

### 語句・文の研究

**The Christmas Truce**
**「『クリスマス休戦』」**

truce [トルース] 名 「休戦」

**World War I, which was also called the Great War, was a terrible event.**
「第一次世界大戦は、the Great War とも呼ばれますが、それは悲惨な出来事でした」

　　World War I「第一次世界大戦」（1914〜1918）

**It was fought in Europe between the Allied Powers, made up mostly of British, French and Russian armies, and the Central Powers, which included soldiers from Germany, the Austria-Hungary Empire, Turkey and Bulgaria.**
「それは、主に英国、フランス、ロシアの軍隊からなる連合国と、ドイツ、オーストリア＝ハンガリー帝国、トルコ、ブルガリアの兵士を含む同盟国とのヨーロッパでの戦いでした」

　　the Allied Powers「連合国」　　(be) made up of 〜「〜からなる」
　　allied [アライド] 形「連合国の」　　army [アーミ] 名「軍隊」
　　the Central Powers「同盟国」　　include [インクルード] 動「〜を含む」
　　soldier [ソウルヂャ] 名「軍人、兵士」　　empire [エンパイア] 名「帝国」

**In the beginning, many of the countries believed the war would end quickly.**
「最初は、多くの国がその戦争は早く終わるだろうと信じていました」

　　in the beginning「最初は」

**At the end of 1914, after five months of bloody fighting, tens of thousands of people had died.**
「1914年の終わり、5か月間の血まみれの戦いの後で、何万人もの人が亡くなりました」

　　bloody [ブラディ] 形「血まみれの、血の」　　fighting [ファイティング] 名「戦い」

**And the war had a long way to go.**
「そして戦争はまだまだ終わりが見通せませんでした」

　　have a long way to go「まだまだ終わりが見通せない」

和訳

　第一次世界大戦は、the Great War とも呼ばれますが、それは悲惨な出来事でした。それは1914年の夏に始まり、1918年の11月まで、4年以上もの長さに

166

わたって続きました。それは、主に英国、フランス、ロシアの軍隊からなる連合国と、ドイツ、オーストリア＝ハンガリー帝国、トルコ、ブルガリアの兵士を含む同盟国とのヨーロッパでの戦いでした。

　最初は、多くの国がその戦争は早く終わるだろうと信じていました。それぞれの軍隊が、自分側が勝つだろうと思っていました。ほとんどの兵士が、クリスマスに帰国できるだろうと期待していました。しかし彼らは間違っていました。1914年の終わり、5か月間の血まみれの戦いの後で、何万人もの人が亡くなりました。そして戦争はまだまだ終わりが見通せませんでした。

## テキストを読んでみよう② 教科書p.110

Fighting in the Great War was different from earlier conflicts. ↘// 
カンフリクツ

The soldiers on each side dug ditches, called "trenches," where 
ダグ　ディチズ　　　　　　トレンチズ

they lived and fought. ↘ // The fighting was called "trench warfare" 
ウォーフェア

with the Allied Powers on one side and the Central Powers on the

other, enemy facing enemy. ↘// The longest trench was dug by the

German army in France, and it was over three kilometers long! ↘//

Fighting happened in the area between the trenches, called

No Man's Land. ↘ // Soldiers fought fiercely to get territory little by 
ノウ マンズ ランド　　　　　　　　　　　　　　　　　　　　　　　テリトーリ

little and No Man's Land was a dangerous place. ↘//

On Christmas Eve 1914, something wonderful happened. ↘// No

one is really sure where it started, but all along the Western Front, 
ウェスタン

the soldiers decided to stop fighting. ↘ // A spontaneous truce for 
スパンテイニアス

Christmas had begun! ↘//

In a few places, army officers from both sides talked and decided

terms for the truce: when to stop fighting and when to start again. ↘//
タームズ

But there was no general plan. ↘// In most places, ordinary soldiers
チェネラル

decided by themselves not to fight. ↘// It was Christmas, a time of
ゼムセルブズ

peace. ↘//

---

**語句・文の研究**

**Fighting in the Great War was different from earlier conflicts.**
**「第一次世界大戦中の戦いは、それ以前の紛争とは違いました」**

    conflict [カンフリクト] 图「争い」

**The soldiers on each side dug ditches, called "trenches,"**
**where they lived and fought.**
**「それぞれの側の兵士たちは『塹壕』と呼ばれる溝を掘りましたが、彼らはそこで暮らして戦いました」**

    dug [ダグ] 動「dig (掘る)」の過去・過去分詞形
    ditch [ディチ] 图「溝」    trench [トレンチ] 图「塹壕」

**The fighting was called "trench warfare" with the Allied**
**Powers on one side and the Central Powers on the other,**
**enemy facing enemy.**
**「その戦いは『塹壕戦』と呼ばれ、片側に連合国、反対側に同盟国がいて、敵同士が向かい合っていました」**

    trench warfare「塹壕戦」    warfare [ウォーフェア] 图「戦争」
    enemy facing enemy「敵同士が向かい合って」

**Fighting happened in the area between the trenches, called**
**No Man's Land.**
**「戦いは塹壕と塹壕の間の地帯で繰り広げられ、そこは中間地帯［無人地帯］と呼ばれました」**

    No Man's Land [ノウマンズランド] 图「中間地帯、無人地帯」

**Soldiers fought fiercely to get territory little by little and No Man's Land was a dangerous place.**
「兵士たちは少しずつ領土を得るために激しく戦い、中間地帯は危険な場所でした」
　　territory [テリト−リ] 图「領土」　　little by little「少しずつ」

**No one is really sure where it started, but all along the Western Front, the soldiers decided to stop fighting.**
「それがどこで始まったのかだれもよくわからないのですが、西部戦線の沿線上すべてにわたり、兵士たちは戦いをやめることに決めました」
　　all along ～「～に沿ってずっと」　　the Western Front「西部戦線」
　　western [ウェスタン] 形「西の、西部の」

**A spontaneous truce for Christmas had begun!**
「自発的なクリスマス休戦が始まりました」
　　spontaneous [スパンテイニアス] 形「自発的な」

**In a few places, army officers from both sides talked and decided terms for the truce:**
「両サイドの陸軍将校が休戦の条件を話し合って決めたところもありました」
　　army officer「陸軍将校」　　term [ターム] 图「期間、（terms で）条件」
　　terms for ～「～の条件」

**But there was no general plan.**
「しかし、全体的な計画はありませんでした」
　　general [チェネラル] 形「だいたいの、一般の」

和訳

　第一次世界大戦中の戦いは、それ以前の紛争とは違いました。それぞれの側の兵士たちは『塹壕』と呼ばれる溝を掘りましたが、彼らはそこで暮らして戦いました。その戦いは『塹壕戦』と呼ばれ、片側に連合国、反対側に同盟国がいて、敵同士が向かい合っていました。いちばん長い塹壕はフランス内でドイツ軍によって掘られ、3km以上の長さがありました。戦いは塹壕と塹壕の間の地帯で繰り広げられ、そこは中間地帯［無人地帯］と呼ばれました。兵士たちは少しずつ領土を得るために激しく戦い、中間地帯は危険な場所でした。
　1914年のクリスマスイブに、あるすばらしいことが起こりました。それがどこで始まったのかだれもよくわからないのですが、西部戦線の沿線上すべ

てにわたり、兵士たちは戦いをやめることに決めました。自発的なクリスマス休戦が始まりました。

　両サイドの陸軍将校が休戦の条件を話し合って、いつ戦いをやめ、またいつ再開するかを決めたところもありました。しかし、全体的な計画はありませんでした。ほとんどの場所では、ふつうの兵士たちが、戦わないことを自分たちで決めました。それはクリスマスという、平和の時でした。

## テキストを読んでみよう③　　　　　　　　　　　　教科書p.111

There are many stories about how the Christmas Truce began. ↘//

Some people say that German soldiers followed their tradition

and put up Christmas trees all along the Western Front. ↘// These

twinkling trees were beacons in the darkness of No Man's Land
トゥィンクリング　　　　　　ビーコンズ　　　　ダークネス

and could be seen by the Allied soldiers. ↘// Others talk about how

British soldiers heard the German enemy singing the Christmas

carol, "Stille Nacht" — and suddenly realized it was a song they
キャロル　シュティレ　ナハト

knew! ↘// Then they began to sing along in English. ↘// The song

was "Silent Night." ↘//

　Maybe it was the Christmas trees; ↘// maybe it was the Christmas

carols; ↘ // maybe it was because they were without their families

at Christmastime. ↘ // No matter how the Christmas Truce started,
クリスマスタイム

it was an incredible event. ↘// One by one, soldiers from both sides
インクレディブル

began to leave their trenches and walked into No Man's Land. ↘//

**These twinkling trees were beacons in the darkness of No Man's Land and could be seen by the Allied soldiers.**
「このぴかぴか光る木々は中間地帯の暗闇でかがり火となり、連合国軍の兵士に見られることができました」

　　twinkle [トゥィンクル] 動「ぴかぴか光る」　　beacon [ビーコン] 名「かがり火、信号灯」
　　darkness [ダークネス] 名「暗さ、暗闇」

**Others talk about how British soldiers heard the German enemy singing the Christmas carol, "Stille Nacht" — and suddenly realized it was a song they knew!**
「また、イギリス兵が、ドイツの敵がクリスマスの祝い歌の『きよしこの夜』を歌っているのを聞き、彼らが知っている歌であることに突然気づいたのだ、とする人もいます」

　　carol [キャロル] 名「喜びの歌、クリスマスの祝い歌」

**Then they began to sing along in English.**
「そして彼らは英語でいっしょに歌い始めました」

　　sing along「いっしょに歌う」

**maybe it was because they were without their families at Christmastime.**
「きっかけは彼らがクリスマスの季節に家族といっしょにいなかったからかもしれません」

　　Maybe it was (because) 〜「きっかけは〜だった (から) かもしれない」
　　Christmastime [クリスマスタイム] 名「クリスマスの季節」

**No matter how the Christmas Truce started, it was an incredible event.**
「クリスマス休戦がどのように始まったとしても、それは信じられない出来事でした」

　　no matter how 〜「たとえどのように〜でも」
　　incredible [インクレディブル] 形「信じられない」

　クリスマス休戦がどのように始まったかについては、多くの話があります。ドイツ兵が彼らの伝統に従い、西部戦線沿いにクリスマスツリーを飾ったと言う人もいます。このぴかぴか光る木々は中間地帯の暗闇でかがり火となり、連合国軍の兵士に見られることができました。また、イギリス兵が、ドイツの敵がクリスマスの祝い歌の『きよしこの夜』を歌っているのを聞き、彼らが知っている歌であることに突然気づいたのだ、とする人もいます。そして彼らは英語でいっしょに歌い始めました。その歌は「きよしこの夜」でした。

　きっかけはクリスマスツリーだったかもしれませんし、クリスマスの祝い歌だったかもしれませんし、彼らがクリスマスの季節に家族といっしょにいなかったからかもしれません。クリスマス休戦がどのように始まったとしても、それは信じられない出来事でした。ひとりずつ、両軍の兵士たちは塹壕を離れ、中間地帯へと歩いて入りました。

## テキストを読んでみよう④　　　　　　　教科書p.112

Each man began to speak with the enemy soldiers, introducing themselves and shaking hands. ↘// They wished each other a happy Christmas and showed photos of their families back home. ↘ // They shared their meager rations of food and drink. ↘ // Some
ミーガ　　　ラションズ
soldiers even exchanged gifts, like chocolates and sausages. ↘ // And as they greeted each other, the men began to realize that they were not so different. ↘// A few hours earlier they had been trying to kill each other. ↘ // Now they were talking and laughing like old friends!↘//

　Some critics say the Christmas Truce didn't happen, and that it is
クリティクス

a fairy tale made up by people who oppose war. ↘// But historians
フェアリ　　　　　　　　　　　　　　　　　オポウズ　　　　　　　　　　　ヒストーリアンズ

say the Christmas Truce was a real event. ↘ // It was reported in

English and German newspapers with photos of soldiers from

both sides sitting together. ↘ // There were stories of men playing

"kickabout," an informal game of soccer. ↘ // Arthur Conan Doyle,
キカバウト　　　インフォーマル　　　　　　　　　　　　　　　アーサ　　コウナン　　ドイル

the creator of Sherlock Holmes, called it "an amazing spectacle" in
シャーラク　　ホウムズ　　　　　　　　　　　　　　　スペクタクル

one of his history books. ↘// And it *was* amazing! ↘//

### 語句・文の研究

**Each man began to speak with the enemy soldiers, introducing themselves and shaking hands.**
「それぞれが自己紹介や握手をして、敵兵と話し始めました」
　　shake hands「握手する」

**They wished each other a happy Christmas and showed photos of their families back home.**
「彼らは互いにクリスマスを祝い、故郷の家族の写真を見せ合いました」
　　〜 back home「故郷の〜」

**They shared their meager rations of food and drink.**
「彼らは乏しい食料や飲み物の配給を分け合いました」
　　meager [ミーガ] 形 「貧弱な、乏しい」　　ration [ラション] 名 「配給」

**A few hours earlier they had been trying to kill each other.**
「ほんの数時間前までは、彼らは殺し合おうとしていました」
　　had been trying to 〜「〜しようとしていた」

**Some critics say the Christmas Truce didn't happen, and that it is a fairy tale made up by people who oppose war.**
「クリスマス休戦は起こらなかった、戦争に反対する人たちがでっち上げたお

■ とぎ話だ、とする批評家もいます」

critic [クリティク] 图「批評家」　　fairy tale「作り話、おとぎ話」

fairy [フェアリ]「〔fairy tale〕作り話」　　oppose [オポウズ] 動「〜に反対する」

## But historians say the Christmas Truce was a real event.
「しかし歴史家は、クリスマス休戦は現実の出来事だと言います」

historian [ヒストーリアン] 图「歴史家」

## There were stories of men playing "kickabout," an informal game of soccer.
「『キックアバウト』という、略式のサッカーゲームをする男性たちの話があり
ました」

kickabout [キカバウト] 图「キックアバウト」

informal [インフォーマル] 形「正式でない、略式の」

## Arthur Conan Doyle, the creator of Sherlock Holmes, called it "an amazing spectacle" in one of his history books.
「シャーロック・ホームズの創作者のアーサー・コナン・ドイルは、彼の歴史
書の一つの中でそれを『驚くべき光景』と呼びました」

spectacle [スペクタクル] 图「光景、眺め」

和訳

　それぞれが自己紹介や握手をして、敵兵と話し始めました。彼らは互いに
クリスマスを祝い、故郷の家族の写真を見せ合いました。彼らは乏しい食料
や飲み物の配給を分け合いました。チョコレートやソーセージといった贈り
物を交換する兵士さえもいました。そして互いにあいさつをするとき、彼ら
は自分たちにそれほど違いがないことを理解し始めました。ほんの少し前
では、彼らは殺し合おうとしていました。今では、古くからの友人のように
話したり笑ったりしていました。

　クリスマス休戦は起こらなかった、戦争に反対する人たちがでっち上げた
おとぎ話だ、とする批評家もいます。しかし歴史家は、クリスマス休戦は現
実の出来事だと言います。それは両方の軍の兵士たちがいっしょに座ってい
る写真とともに、英国とドイツの新聞で報じられました。「キックアバウト」
という、略式のサッカーの試合をしていた兵士たちの話がありました。シャー
ロック・ホームズの創作者のアーサー・コナン・ドイルは、彼の歴史書の一
つの中でそれを「驚くべき光景」と呼びました。そしてそれは本当に驚くべ
きものだったのです！

Most reports say that it was the German soldiers who invited the truce. ↘// Perhaps it was because they were winning the war at that time and were more confident. ↘// Or maybe it was because many of them could speak English. ↘ // Many Germans had worked in England before the war. ↘// The German soldiers may have taken the first steps because they had the confidence to communicate in English. ↘//
カンフィデンス

Not everyone was happy with the Christmas Truce. ↘ // Some British generals spoke angrily and accused the soldiers of losing
アングリリ　　　　　　　アキューズド
their fighting spirit. ↘// On the German side, one young man scolded
スコウルデド
his fellow soldiers saying, "Such a thing should not happen in
フェロウ
wartime. ↘// Do you have no German sense of honor left?" ↗// His
ウォータイム
name was Adolf Hitler, the man who started World War II. ↘//
アドルフ　ヒトラ
Each year on November 11, people in many countries remember those who have died in all wars. ↘ // This day is often called Remembrance Day. ↘// There are ceremonies with presidents and
リメンブランス
prime ministers. ↘// They place wreaths on graves so that we do not
プライム　ミニスタズ　　　　　　　　　　　　　　リースス
forget *everyone* who has died in war. ↘ // Why November 11? ↘//

Because this is the day when the peace treaty was signed that
トリーティ

officially ended the Great War. ↘//
オフィシャリ

**The German soldiers may have taken the first steps because
they had the confidence to communicate in English.**
「ドイツ兵は、英語で伝達する自信があったので、最初の一歩を踏み出したの
かもしれません」
　　　confidence [カンフィデンス] 图「自信」

**Not everyone was happy with the Christmas Truce.**
「全員がクリスマス休戦を喜んだわけではありません」
　　　not everyone 〜「全員が〜というわけではない」

**Some British generals spoke angrily and accused the
soldiers of losing their fighting spirit.**
「イギリス将校の中には、兵士が闘志を失ったと怒って非難する人もいました」
　　　angrily [アングリリ] 副「怒って」　accuse ... of 〜ing「〜したと…を非難する」
　　　accuse [アキューズ] 動「〜を非難する」

**On the German side, one young man scolded his fellow
soldiers saying, "Such a thing should not happen in wartime.**
「ドイツ側では、一人の若い男性が、『このようなことは戦時中に起こるべきで
はない』と言って仲間の兵士たちをしかりました」
　　　on the German side「ドイツ側では」　scold [スコウルド] 動「〜をしかる」
　　　fellow [フェロウ] 形「仲間の、同僚の」　wartime [ウォータイム] 图「戦時」

**Each year on November 11, people in many countries
remember those who have died in all wars.**
「毎年11月11日に、多くの国の人は、すべての戦争で亡くなった人々を思い
出します」
　　　those who 〜「(〜する) 人々」

**This day is often called Remembrance Day.**

■「この日はしばしば戦没者記念日と呼ばれます」
　Remembrance Day「戦没者記念日」

■ **There are ceremonies with presidents and prime ministers.**
■「大統領や首相が参列するセレモニーがあります」
　prime minister「首相」

■ **They place wreaths on graves so that we do not forget _everyone_ who has died in war.**
■「彼らは、私たちが戦争で亡くなったあらゆる人を忘れないように、墓に花輪をささげます」
　wreath [リース] 名「花輪」

■ **Because this is the day when the peace treaty was signed that officially ended the Great War.**
■「それは、この日が第一次世界大戦を公式に終わらせた平和条約が調印された日だからです」
　peace treaty「平和条約」　　officially [オフィシャリ] 副「公式に」

和訳

　ほとんどの報告書が、休戦を招いたのはドイツ兵だったと書いています。おそらくそれは、その当時は彼らの方が戦いに勝っていて、より自信があったからでしょう。あるいは、彼らの多くが英語を話すことができたからでしょう。大勢のドイツ人が、戦前にイングランドで働いていました。ドイツ兵は、英語で伝達する自信があったので、最初の一歩を踏み出したのかもしれません。

　全員がクリスマス休戦を喜んだわけではありません。イギリス将校の中には、兵士が闘志を失ったと怒って非難する人もいました。ドイツ側では、一人の若い男性が、「このようなことは戦時中に起こるべきではない」と言って仲間の兵士たちをしかりました。「きみたちにはドイツ人の誇りは残っていないのか？」　彼の名前はアドルフ・ヒトラー、第二次世界大戦を始めた人物でした。

　毎年11月11日に、多くの国の人は、すべての戦争で亡くなった人々を思い出します。この日はしばしば戦没者記念日と呼ばれます。大統領や首相が参列するセレモニーがあります。彼らは、私たちが戦争で亡くなったあらゆる人を忘れないように、墓に花輪をささげます。なぜ11月11日なのでしょう？それは、この日が第一次世界大戦を公式に終わらせた平和条約が調印された日だからです。

And the Christmas Truce is remembered, too. ↘// It has inspired
インスパイアド
many books, movies and songs, which tell how soldiers put down
their guns, walked across No Man's Land, and shook hands. ↘ //
They explain how young men shared food, talked of their families,
and hoped to celebrate the next Christmas at home with their loved
ones. ↘ // For these young men, the Christmas Truce was a very
special event. ↘//

In 1914, after Christmas Day was over, fighting started again
along the Western Front. ↘// The Great War had returned and would
continue for several more years. ↘ // Sadly, the Christmas Truce
セヴラル　　　　　　　　　　　　　　サドリ
was never repeated. ↘//

But for a brief moment at Christmastime in 1914, there really was
ブリーフ
peace on earth. ↘//

### 語句・文の研究

**It has inspired many books, movies and songs, which tell how soldiers put down their guns, walked across No Man's Land, and shook hands.**
「それは多くの本、映画、歌に着想を与えてきましたが、それらには兵士たちがどのように銃を置き、中間地帯を歩いて渡り、握手をしたかが描かれています」
inspire [インスパイア] 動「(作品などに)着想を与える」

**The Great War had returned and would continue for several more years.**
「大戦が戻り、さらに数年続きそうでした」

several [**セ**ヴラル] 形 「いくつかの」

**Sadly, the Christmas Truce was never repeated.**
**「残念ながら、クリスマス休戦は二度とくり返されませんでした」**

sadly [**サ**ドリ] 副 「残念ながら」

**But for a brief moment at Christmastime in 1914, there really was peace on earth.**
「しかし1914年のクリスマスの季節のほんの短い間、平和は本当にこの地上に存在したのです」

brief [ブリーフ] 形 「短い」

和訳

　そしてクリスマス休戦も思い出されます。それは多くの本、映画、歌に着想を与えてきましたが、それらには兵士たちがどのように銃を置き、中間地帯を歩いて渡り、握手をしたかが描かれています。それらは若者がどのように食べ物を分け合い、家族のことを語り、次のクリスマスを自宅で愛する人たちと一緒に祝うことを望んだかを説明しています。これらの若者にとっては、クリスマス休戦はとても特別な出来事でした。

　1914年、クリスマスの日が終わってから、戦いは西部戦線に沿って再開しました。大戦が戻り、さらに数年続きそうでした。残念ながら、クリスマス休戦は二度とくり返されませんでした。

　しかし1914年のクリスマスのほんの短い間、平和は本当にこの地上に存在したのです。

# My Dream

マイ ドリーム                                                      私の夢

宇宙飛行士の野口聡一さんは、小学校一年生のとき、作文に将来の夢を書きました。宇宙を舞台に活躍する野口さんが、夢の育て方を語ってくれます。

## テキストを読んでみよう①                                     教科書p.115

On July 26, 2005, the moment space shuttle Discovery was

launched, I thought that I had finally become an astronaut. ↘// During
ローンチト

the nearly ten years of training, I used to think, "I'm not an astronaut

until I go into space." ↘// Because of the very sad Columbia accident
コロンビア

during my training in 2003, my launch was repeatedly postponed. ↘//
ポウストポウンド

Yet, more and more, I felt that I could leave the earth's gravity, and
グラヴィティ

go into space. ↘//

### 語句・文の研究

**On July 26, 2005, the moment space shuttle Discovery was launched, I thought that I had finally become an astronaut.**
「2005年7月26日にスペースシャトル、ディスカバリー号が打ち上げられた瞬間、ついに私は宇宙飛行士になったのだと思いました」

the moment ～「～する瞬間」　shuttle [シャトル] 名「スペースシャトル」
launch [ローンチ] 動「～を打ち上げる」

**During the nearly ten years of training, I used to think, "I'm not an astronaut until I go into space."**
「ほぼ10年間の訓練の間、私はよく『宇宙に行くまでは、私は宇宙飛行士ではない』と思ったものです」

used to ～「以前はよく～したものだ」

**Because of the very sad Columbia accident during my**

training in 2003, my launch was repeatedly postponed.
「私の訓練中である2003年のコロンビア号のとても悲しい事故が原因で、私のシャトルの打ち上げは何度も延期されました」

because of ～「～が原因で」　　Columbia [コロンビア] 图「コロンビア号」
postpone [ポウストポウン] 動「～を延期する」

Yet, more and more, I felt that I could leave the earth's gravity, and go into space.
「しかし、ますます、私は地球の重力を離れて、宇宙に行くことができると感じました」

more and more「ますます」　　gravity [グラヴィティ] 图「引力、重力」

和訳

　2005年7月26日にスペースシャトル、ディスカバリー号が打ち上げられた瞬間、ついに私は宇宙飛行士になったのだと思いました。ほぼ10年間の訓練の間、私はよく「宇宙に行くまでは、私は宇宙飛行士ではない」と思ったものです。私の訓練中である2003年のコロンビア号のとても悲しい事故が原因で、私のシャトルの打ち上げは何度も延期されました。しかし、ますます、私は地球の重力を離れて、宇宙に行くことができると感じました。

テキストを読んでみよう②　　　　　教科書p.116

I lived in Hyogo Prefecture from the age of four to eleven because of my father's occupation. ↘ // He was an engineer making TV tubes. ↘ // I always felt close to my father. ↘ // We played together on holidays, and joined his company's athletic meets and summer festivals. ↘ // One day when I was in first grade, he bought me a glove, which inspired my interest in baseball. ↘ // So, I joined a baseball club in second grade. ↘ // I was a cleanup left-handed batter, as well as a first base player. ↘ // In those days, there was a lot of nature around my school and house. ↘// I played baseball after school until it got dark. ↘ // I think that playing baseball when I was young was the first step toward building up my physical strength. ↘ // I have always really liked sports, so after quitting baseball, I played soccer, did high jumping in the track-and-field club, and played football in university. ↘ // I was a boy scout from elementary school until university. ↘// I was born to be outdoors. ↘//

クウィティング
トラクアン（ド）フィールド
スカウト
アウトドーズ

**I lived in Hyogo Prefecture from the age of four to eleven because of my father's occupation.**
「私は、父の仕事の関係で4歳から11歳まで兵庫県に住んでいました」
　occupation [アキュペイション] 图「職業」

**He was an engineer making TV tubes.**
「父はテレビのブラウン管を作るエンジニアでした」
　TV tube「テレビのブラウン管」　　tube [テューブ] 图「ブラウン管」

**I always felt close to my father.**
「私はいつも父を身近に感じました」
　feel close to ～「～を身近に感じる」

**We played together on holidays, and joined his company's athletic meets and summer festivals.**
「私たちは休日にいっしょに遊び、父の会社の運動会や夏祭りに参加しました」
　athletic meet「運動会」

**I was a cleanup left-handed batter, as well as a first base**

player.
「私は一塁手であるだけでなく、四番の左打者でした」
    cleanup [クリーナプ] 形 「四番打者の」
    left-handed [レフトハンデド] 形 「左ききの、左手でする」
    〜, as well as ... 「…だけでなく〜も」

In those days, there was a lot of nature around my school and house.
「当時、私の学校や家の周りには自然がたくさんありました」
    in those days 「当時」

I think that playing baseball when I was young was the first step toward building up my physical strength.
「若いころに野球をしたことは、体力をつける最初のステップだったと思います」
    build up my physical strength 「体力をつける」

I have always really liked sports, so after quitting baseball, I played soccer, did high jumping in the track-and-field club, and played football in university.
「私はいつも本当にスポーツが好きでしたから、野球をやめた後はサッカーをして、陸上部で走り高跳びをして、大学ではフットボールをしました」
    quit [クウィト] 動 「〜をやめる」    high-jumping 「走り高跳び」
    track-and-field club 「陸上部」

I was a boy scout from elementary school until university.
「私は小学校から大学までボーイスカウトの一員でした」
    scout [スカウト] 名 「〔boy scout〕ボーイスカウト」

I was born to be outdoors.
「私は生まれながらのアウトドア系でした」
    born to be outdoors 「生まれながらのアウトドア系」

和訳

　私は、父の仕事の関係で4歳から11歳まで兵庫県に住んでいました。父はテレビのブラウン管を作るエンジニアでした。私はいつも父を身近に感じました。私たちは休日にいっしょに遊び、父の会社の運動会や夏祭りに参加しました。

私が1年生だったある日、彼は私にグローブを買ってくれましたが、それは私の野球への興味をかき立てました。それで私は2年生のときに野球クラブに加わりました。私は一塁手であるだけでなく、四番の左打者でした。当時、私の学校や家の周りには自然がたくさんありました。私は放課後に、暗くなるまで野球をしました。若いころに野球をしたことは、体力をつける最初のステップだったと思います。私はいつも本当にスポーツが好きでしたから、野球をやめた後はサッカーをして、陸上部で走り高跳びをして、大学ではフットボールをしました。私は小学校から大学までボーイスカウトの一員でした。私は生まれながらのアウトドア系でした。

## テキストを読んでみよう③ 教科書p.117

At home, we had plenty of books, and my mother often read to me when I was a child. ↘// I think she was trying to expose me to the outside world through books. ↘// As I grew up, I began to read other kinds of books, such as "Sherlock Holmes" and "Astro Boy" in the library. ↘// I wrote, "I want to ride in a rocket," in the first-year students' collection of compositions. ↘// Yet, I didn't have a concrete image of what it was then. ↘ // I guess it was probably a vague thought of "a space journey" that I envisaged in the imaginary world of picture books and *manga*. ↘// I liked science and Japanese, and I became fond of English in junior high school. ↘// I felt that English would liberate me from the feeling of being trapped in a small school, so I worked very hard at it. ↘ // Outside school, I listened to FEN,

currently AFN, and English programs on the radio. ↘//
カーレントリ エイエフエヌ

■ 語句・文の研究

**I think she was trying to expose me to the outside world through books.**
「私は、彼女は本を通して私を外の世界にさらそうとしていたのだと思います」
expose [イクスポウズ] 動「〜をさらす」

**I wrote, "I want to ride in a rocket," in the first-year students' collection of compositions.**
「私は1年生の文集に『私はロケットに乗りたい』と書きました」
collection of compositions「文集」

**Yet, I didn't have a concrete image of what it was then.**
「とはいえ、そのときはまだそれが何であるかという具体的なイメージを持ち合わせていませんでした」
concrete [カンクリート] 形「具体的な」

**I guess it was probably a vague thought of "a space journey" that I envisaged in the imaginary world of picture books and** *manga*.
「私が絵本やまんがの想像上の世界で心に描いたのは、おそらくぼんやりとした『宇宙の旅』の概念だったのだろうと思います」
vague [ヴェイグ] 形「不明確な」　journey [ヂャーニ] 名「旅行」
envisage [インヴィズィヂ] 動「〜を心に描く」　imaginary [イマヂネリ] 形「想像上の」

**I liked science and Japanese, and I became fond of English in junior high school.**
「私は理科と国語が好きで、中学校では英語も好きになりました」
become fond of 〜「〜を好きになる」
fond [ファンド] 形「〔be fond of 〜〕〜を好む」

**I felt that English would liberate me from the feeling of being trapped in a small school, so I worked very hard at it.**
「英語は小さな学校に閉じ込められている（窮屈な）気分から自分を解放してく

■ れるような気がしたので、私はそれに熱心に取り組みました」

    liberate [リバレイト] 働「〜を解放する」    trap [トラプ] 働「〜を閉じ込める」

■ **Outside school, I listened to FEN, currently AFN, and English programs on the radio.**
■ 「学校の外では、ラジオで現在の AFN である FEN や英語の番組を聞きました」

    currently [カーレントリ] 働「現在」

和訳

> 　私の家にはたくさんの本があり、子どもの頃、母はよく読み聞かせてくれました。私は、彼女は本を通して私を外の世界にさらそうとしていたのだと思います。成長するにつれ、私は図書館の他の種類の本、「シャーロック・ホームズ」や「鉄腕アトム」のようなものを読み始めました。私は1年生の文集に「私はロケットに乗りたい」と書きました。とはいえ、そのときはまだそれが何であるかという具体的なイメージを持ち合わせていませんでした。私が絵本やまんがの想像上の世界で心に描いたのは、おそらくぼんやりとした「宇宙の旅」の概念だったのだろうと思います。私は理科と国語が好きで、中学校では英語も好きになりました。英語は小さな学校に閉じ込められている（窮屈な）気分から自分を解放してくれるような気がしたので、私はそれに熱心に取り組みました。学校の外では、ラジオで現在の AFN である FEN や英語の番組を聞きました。

---

**テキストを読んでみよう④**　　　　　　　　　　　教科書p.118

In April 1981, immediately after entering senior high school, an event that changed my life happened. ↘// It was the launch of the space shuttle Columbia. ↘// For the first time, I became conscious of actually making the career choice to become an astronaut. ↘ //
カリア
One day, my parents bought me a book on American astronauts who had experienced going into space. ↘ // Their lives were not

always happy. ↘// I wonder why reading such a book in high school

further encouraged me to aim at becoming an astronaut. ↘// I may
<br>エイム

have thought that the life of an astronaut would be as thrilling as in
<br>スリリング

the book. ↘// The average person probably has an exciting image
<br>アヴェリヂ

of astronauts even now. ↘// In fact, it is a down-to-earth job. ↘//
<br>ダウントゥアース

Astronauts are expected to complete each task without fail, quietly

checking conditions all the time. ↘// We never do anything without

first planning very carefully. ↘//

In high school, I wrote "astronaut" in the blank for my future
<br>ブランク

career. ↘// I still remember. ↘// At the University of Tokyo, I entered

the Department of Aerospace Engineering and researched aircraft
<br>エアロウスペイス　エンヂニアリング　　　　　　　　　　　　エアクラフト

engines. ↘// After finishing graduate school, I joined a company that
<br>グラヂュエイト

was making jet engines. ↘// I married three years after that. ↘// My

dream of space was interrupted then. ↘//
<br>インタラプテド

### 語句・文の研究

**For the first time, I became conscious of actually making the career choice to become an astronaut.**
**「初めて、私は宇宙飛行士になる職業選択を実際にすることを意識するようになりました」**

become conscious of ～「～を意識するようになる」　career [カリア] 图「職業」

**I wonder why reading such a book in high school further**

**encouraged me to aim at becoming an astronaut.**
「高校でそのような本を読むことが、なぜいっそう宇宙飛行士になることを目指そうとするようになったのでしょうか」

aim [エィム] 動「目指す」

**I may have thought that the life of an astronaut would be as thrilling as in the book.**
「私は、宇宙飛行士の人生は、本に書かれているように興奮させるものだろうと思ったのでしょう」

may have thought that 〜「〜だと思ったのだろう」
thrilling [スリリング] 形「興奮させる」

**The average person probably has an exciting image of astronauts even now.**
「ふつうの人は、おそらく今でも宇宙飛行士にわくわくしたイメージを持っているでしょう」

average [アヴェリヂ] 形「平均の、ふつうの」

**In fact, it is a down-to-earth job.**
「実際には、それは地道な仕事です」

down-to-earth [ダウントゥアース] 形「地道な」

**In high school, I wrote "astronaut" in the blank for my future career.**
「高校では、私は進路希望調査票の空欄に『宇宙飛行士』と書きました」

blank [ブランク] 名「空白、空欄」（ここでは進路希望調査票の空欄）

**At the University of Tokyo, I entered the Department of Aerospace Engineering and researched aircraft engines.**
「東京大学で、私は航空宇宙工学科に進み、航空機のエンジンを研究しました」

Department of Aerospace Engineering「航空宇宙工学科」
aerospace [エアロウスペイス] 名「航空宇宙」
engineering [エンヂニアリング] 名「工学」　　aircraft [エアクラフト] 名「航空機」

**After finishing graduate school, I joined a company that was making jet engines.**

■「大学院を卒業してから、私はジェット機のエンジンを作る会社に就職しました」
graduate school「大学院」 graduate [グラヂュエイト] 形「大学院の」

## My dream of space was interrupted then.
「私の宇宙への夢はそのとき中断されました」
interrupt [インタラプト] 動「～を中断する」

　1981年4月、高校に入学してからすぐに、私の人生を変える出来事が起こりました。それは、スペースシャトル、コロンビア号の打ち上げでした。初めて、私は宇宙飛行士になる職業選択を実際にすることを意識するようになりました。ある日、両親は私に、宇宙に行った経験のあるアメリカ人宇宙飛行士の本を買ってくれました。彼らの人生は、いつも幸せであったわけではありませんでした。高校でそのような本を読むことが、なぜいっそう宇宙飛行士になることを目指そうとするようになったのでしょうか。私は、宇宙飛行士の人生は、本に書かれているように興奮させるものだろうと思ったのでしょう。ふつうの人は、おそらく今でも宇宙飛行士にわくわくしたイメージを持っているでしょう。実際には、それは地道な仕事です。宇宙飛行士は、常に、落ち着いて状況を見て失敗のないように仕事を成し遂げることを期待されます。私たちは、最初にとても注意深く計画をしないで何かをすることは決してありません。
　高校では、私は進路希望調査票の空欄に「宇宙飛行士」と書きました。私は今でも覚えています。東京大学で、私は航空宇宙工学科に進み、航空機のエンジンを研究しました。大学院を卒業してから、私はジェット機のエンジンを作る会社に就職しました。その3年後に私は結婚しました。私の宇宙への夢はそのとき中断されました。

## テキストを読んでみよう⑤　　　　　　　　　教科書p.119

One day, my wife told me about an astronant position advertised
アドヴァタイズド
by NASDA, currently JAXA, in an in-house newsletter. ↘ // I was
ナズダ　　　　　ヂャクサ　　　　インハウス　ニューズレタ
happy at work, and was busy every day. ↘ // At that time, I was
thinking of studying abroad, so I hesitated. ↘// But the recruitment of
リクルートメント

astronauts is not posted often, only when needed. ↘// If I missed this opportunity, nobody knew when the next one would come. ↘// So, I decided to challenge myself. ↘// I passed the first, second, and third tests, and on the morning of May 29, 1996, I received a call. ↘ // It was from Mohri Mamoru, an astronaut. ↘// He congratulated me. ↘//
コングラチュレイテド
After that, I trained for nearly ten years to become an astronaut. ↘//

The scenery of space is completely different when you are
スィーナリ                 コンプリートリ
working outside the spacecraft doing extravehicular activities,
スペイスクラフト          エクストラヴィーヒキュラ
compared with that through the shuttle window. ↘ // Looking with your own eyes through the window, space is a beautiful picture. ↘// Outside the shuttle, the earth continuously changes with the reflected
コンティニュアスリ                    リフレクテド
light. ↘ // The earth looks so real — as if you could touch it! ↘ // I thought that the earth itself was alive then. ↘//

<blockquote>語句・文の研究</blockquote>

**One day, my wife told me about an astronaut position advertised by NASDA, currently JAXA, in an in-house newsletter.**
「ある日、妻が私に、社内報にのっていた、現在のJAXAであるNASDAが広告した宇宙飛行士の職について教えてくれました」

advertise [アドヴァタイズ] 動「〜を広告する」　in-house newsletter「社内報」
in-house [インハウス] 形「社内の」　newsletter [ニューズレタ] 名「社報」

**At that time, I was thinking of studying abroad, so I hesitated.**

■「そのとき、私は留学することを考えていたので、ためらいました」
　　study abroad「留学する」

■ But the recruitment of astronauts is not posted often, only when needed.
「しかし、宇宙飛行士の新規採用はそれほど頻繁に掲載されるわけではなく、必要なときだけです」
　　recruitment [リクルートメント] 图「新規採用」
　　when needed = when it is needed

■ He congratulated me.
「彼は私を祝福してくれました」
　　congratulate [コングラチュレイト] 動「～を祝う」

■ The scenery of space is completely different when you are working outside the spacecraft doing extravehicular activities, compared with that through the shuttle window.
「宇宙の景色は、宇宙船の外で船外活動しているときと、スペースシャトルの窓越しに見るものとを比較すると完全に違っています」
　　scenery [スィーナリ] 图「景色」　　completely [コンプリートリ] 副「完全に」
　　spacecraft [スペイスクラフト] 图「宇宙船」
　　extravehicular activity「（宇宙）船外活動、EVA」
　　extravehicular [エクストラヴィーヒキュラ] 形「船外の」
　　compared with ～「～と比べると」

■ Outside the shuttle, the earth continuously changes with the reflected light.
「スペースシャトルの外では、地球は反射光を受けて絶え間なく変化します」
　　continuously [コンティニュアスリ] 副「ひっきりなしに」
　　reflect [リフレクト] 動「～を反射する」

和訳

　ある日、妻が私に、社内報にのっていた、現在のJAXAであるNASDAが広告した宇宙飛行士の職について教えてくれました。私は仕事が楽しく、毎日忙しくしていました。そのとき、私は留学することを考えていたので、ためらいました。しかし、宇宙飛行士の新規採用はそれほど頻繁に掲載されるわ

けではなく、必要なときだけです。もし私がこの機会を逃すと、次の募集は
いつになるのか、誰にもわかりませんでした。だから、私は挑戦することを
決めました。私は一次、二次、そして三次試験に合格し、1996年5月29日の朝、
電話を受けました。それは宇宙飛行士の毛利衛さんからでした。彼は私を祝
福してくれました。その後、私は宇宙飛行士になるために、10年近くもの間、
訓練をしました。

　宇宙の景色は、宇宙船の外で船外活動しているときと、スペースシャトル
の窓越しに見るものとを比較すると完全に違っています。窓越しに自分の目
で見ると、宇宙は美しい一枚の写真です。スペースシャトルの外では、地球
は反射光を受けて絶え間なく変化します。地球はあたかも触れることができ
るかのように、とてもリアルに見えます。そのとき、地球そのものが生きて
いるのだと思いました。

These days, the public often says that my dream came true. ↘//

To me, "going into space" was my dream, but my current role is like
**カーレント ロウル**

a baton in the marathon of life. ↘// The motivation to become an
**モウティヴェイション**

astronaut is, after all, to find out how far we can reach by widening
**ワイドニング**

the horizon of humankind. ↘// In this sense, there is no end. ↘// To
**ホライズン　　　ヒューマンカインド**

a certain extent, I continue my work, just as the astronauts in the
**イクステント**

next generation will connect to the following generation. ↘// That's
**ヂェネレイション**

why I was able to see a wider world when I went into space after

ten years of training. ↘//

Because I wrote, "I want to ride in a rocket," when I was in first

grade, people assume that I always longed to achieve only this,
**アスューム**　　　　　　　　　　　　　　　　**アチーヴ**

but that's not true. ↘ // I had various goals. ↘ // What you want to complete in the future naturally changes. ↘// In my case, fortunately,
**ナ**チュラリ　　　　　　　　　　　　　　　**フォー**チュネトリ

my dream came true, but dreams can be reached in many different forms. ↘// You don't need to be obsessed with a single dream, and
オブ**セ**スト

I think it is fine to pursue what you're aiming at or what you think is
パ**スー**

important at each stage of your life. ↘// I believe that dreams should be flexible and open to change. ↘//
フ**レ**クスィブル

### 語句・文の研究

▌**These days, the public often says that my dream came true.**
▌「最近、一般の人はよく、私の夢は実現したと言います」
　　these days「最近」　　the public「一般の人」
　　come true「(夢が) 実現する」

▌**To me, "going into space" was my dream, but my current role**
▌**is like a baton in the marathon of life.**
▌「私にとっては、『宇宙へ行くこと』が夢でしたが、(それが実現した) 現在の
▌私の役割は、人生のマラソンのバトンのようなものです」
　　current [**カー**レント] 形「現在の」　　role [**ロ**ウル] 名「役割」

▌**The motivation to become an astronaut is, after all, to find out**
▌**how far we can reach by widening the horizon of humankind.**
▌「宇宙飛行士になる動機は、結局のところ、人間ができることの範囲を広げる
▌ことによって、どこまで到達することができるかを発見することです」
　　motivation [モウティ**ヴェ**イション] 名「動機」　　after all「結局」
　　widen [**ワ**イドン] 動「〜を広げる」　　horizon [ホ**ラ**イズン] 名「地平線、限界」
　　humankind [**ヒュー**マンカインド] 名「人間」

▌**To a certain extent, I continue my work, just as the astronauts**
▌**in the next generation will connect to the following**

generation.

「ちょうど次世代の宇宙飛行士が次の世代につながるようにある程度まで、私は仕事を続けます」

> to a certain extent「ある程度まで」　　extent [イクステント] 图「程度」
> generation [ヂェネレイション] 图「世代」

Because I wrote, "I want to ride in a rocket," when I was in first grade, people assume that I always longed to achieve only this, but that's not true.

「1年生のときに『私はロケットに乗りたい』と書いたので、私はいつもこれだけを達成させたがっていたのだと見なす人がいますが、そうではありません」

> assume [アスューム] 動「～であると見なす」
> long to ～「～することを切望する」　　achieve [アチーヴ] 動「～を達成する」

What you want to complete in the future naturally changes.

「将来成し遂げたいことは、当然変わります」

> naturally [ナチュラリ] 副「当然」

In my case, fortunately, my dream came true, but dreams can be reached in many different forms.

「私の場合は、幸運にも夢は実現しましたが、夢はいろいろな形で達成され得るものです」

> fortunately [フォーチュネトリ] 副「幸運にも」

You don't need to be obsessed with a single dream, and I think it is fine to pursue what you're aiming at or what you think is important at each stage of your life.

「あなたは一つの夢に固執する必要はありませんし、私は、人生のそれぞれのステージであなたが目指すもの、あなたが大切だと思うものを追い求めることはよいことだと思います」

> be obsessed with ～「～ばかり考えている」
> pursue [パスー] 動「～を追い求める」
> what you think is important「あなたが重要だと考えていること」

I believe that dreams should be flexible and open to change.

「私は、夢は柔軟で、変化に対してオープンであるべきだと信じています」

flexible [フレクスィブル] 形「柔軟な」

和訳

　最近、一般の人はよく、私の夢は実現したと言います。私にとっては、「宇宙へ行くこと」が夢でしたが、(それが実現した)現在の私の役割は、人生のマラソンのバトンのようなものです。宇宙飛行士になる動機は、結局のところ、人間ができることの範囲を広げることによって、どこまで到達することができるかを発見することです。この意味で、終わりはありません。ちょうど次世代の宇宙飛行士が次の世代につながるように、ある程度まで、私は仕事を続けます。だから私は、10年の訓練の後に宇宙へ行ったとき、より広い世界を見ることができたのです。

　1年生のときに「私はロケットに乗りたい」と書いたので、私はいつもこれだけを達成させたがっていたのだと見なす人がいますが、そうではありません。私にはいろいろな目標がありました。将来成し遂げたいことは、当然変わります。私の場合は、幸運にも夢は実現しましたが、夢はいろいろな形で達成され得るものです。あなたは一つの夢に固執する必要はありませんし、私は、人生のそれぞれのステージであなたが目指すもの、あなたが大切だと思うものを追い求めることはよいことだと思います。私は、夢は柔軟で、変化に対してオープンであるべきだと信じています。

## テキストを読んでみよう⑦　　　　　　　　　　　教科書 p.121

For example, a boy who plays baseball has a dream of going to Koshien Stadium. ↘ // Adults might think that the dream is trivial, [アダルツ] [トリヴィアル] but he may not give up baseball, and someday grow up to be a famous player like Ichiro.↘// After that, he may want to play in the Japanese professional leagues, in the Major Leagues, and in the [リーグズ] World Baseball Classic. ↘// By stretching our world little by little, we [クラスィク] climb up each step of the ladder. ↘ // During the process, specific [ラダ]

goals may change, and regardless of whether it is achieved, each

goal slowly expands. ↘// And from this expanded world, we can see
イクスパンズ

further opportunities spreading out before us. ↘// I think that's what

true dreams are. ↘//

In 100 years' time, no one will remember the names of the current

astronauts, perhaps outside of Yuri Gagarin, the first astronaut
ユリ　ガガーリン

of humankind. ↘ // In 100 years, if we looked back on the current

period, we would probably say this is the beginning of the journey

into space. ↘ // Still, it is a fact that, step by step, we keep trying

space flights, overcoming the accidents of Challenger and
オウヴァカミング　　　　　　　　　　　　　　チャレンヂャ

Columbia. ↘ // We must continue to challenge ourselves. ↘ // I'm

hoping that I will eventually become one of a countless number of
イヴェンチュアリ　　　　　　　　　　カウントレス

unsung astronauts. ↘//
アンサング

<hr>

### 語句・文の研究

**Adults might think that the dream is trivial, but he may not give up baseball, and someday grow up to be a famous player like Ichiro.**
**「大人は、それをささいな夢だと思うかもしれませんが、彼は野球をやめないかもしれないし、いつか成長してイチローさんのような有名な選手になるかもしれません」**

adult [アダルト] 图 「大人」　　trivial [トリヴィアル] 形 「ささいな」
grow up to be ～ 「成長して～になる」

After that, he may want to play in the Japanese professional leagues, in the Major Leagues, and in the World Baseball Classic.
「その後、彼は日本のプロ野球リーグや大リーグ、ワールド・ベースボール・クラシックでプレーすることを望むかもしれません」

league [リーグ] 图「リーグ」　　classic [クラスィク] 图「クラシック、大試合」

By stretching our world little by little, we climb up each step of the ladder.
「少しずつ世界を広げることによって、私たちははしごの一段を登るのです」

ladder [ラダ] 图「はしご」

During the process, specific goals may change, and regardless of whether it is achieved, each goal slowly expands.
「その過程で、特定の目標が変わるかもしれませんが、達成されるかされないかにかかわらず、それぞれの目標は少しずつ大きくなります」

regardless of ～「～にかかわらず」　　expand [イクスパンド] 動「～を拡大する」

I think that's what true dreams are.
「それこそが本当の夢というものだと思います」

that's what true dreams are「それこそが本当の夢というものだ」

In 100 years' time, no one will remember the names of the current astronauts, perhaps outside of Yuri Gagarin, the first astronaut of humankind.
「100年の時がたてば、現在の宇宙飛行士の名前を覚えている人はいないでしょう、おそらく人類初の宇宙飛行士であるユーリ・ガガーリンを除いては」

outside of ～「～をのぞいて」

In 100 years, if we looked back on the current period, we would probably say this is the beginning of the journey into space.
「100年後に現在を思い出すことがあるとすれば、私たちはおそらく、これは宇宙への旅の始まりだと言うでしょう」

look back on ～「～を思い出す」

**Still, it is a fact that, step by step, we keep trying space flights, overcoming the accidents of Challenger and Columbia.**

「それでも、チャレンジャー号やコロンビア号の事故を克服して、一歩ずつ、私たちは宇宙飛行に挑み続けているのは事実です」

step by step「一歩ずつ」　　overcome [オウヴァ**カ**ム] 動「～を克服する」

**I'm hoping that I will eventually become one of a countless number of unsung astronauts.**

「私は、ゆくゆくは自分が数えきれないほどの無名の宇宙飛行士の一人になれればいいなあと思っています」

eventually [イ**ヴェ**ンチュアリ] 副「最後には」　　countless [**カ**ウントレス] 形「無数の」
unsung [アン**サ**ング] 形「無名の」

和訳

　例えば、野球少年が甲子園球場へ行くという夢を持っています。大人は、それをささいな夢だと思うかもしれませんが、彼は野球をやめないかもしれないし、いつか成長してイチローさんのような有名な選手になるかもしれません。その後、彼は日本のプロ野球リーグや大リーグ、ワールド・ベースボール・クラシックでプレーすることを望むかもしれません。少しずつ世界を広げることによって、私たちははしごの一段を登るのです。その過程で、特定の目標が変わるかもしれませんが、達成されるかされないかにかかわらず、それぞれの目標は少しずつ大きくなります。そしてこの広がった世界から、さらなる機会が目の前に広がっているのを見ることができるのです。それこそが本当の夢というものだと思います。

　100年の時がたてば、現在の宇宙飛行士の名前を覚えている人はいないでしょう、おそらく人類初の宇宙飛行士であるユーリ・ガガーリンを除いては。100年後に現在を思い出すことがあるとすれば、私たちはおそらく、これは宇宙への旅の始まりだと言うでしょう。それでも、チャレンジャー号やコロンビア号の事故を克服して、一歩ずつ、私たちは宇宙飛行に挑み続けているのは事実です。私たちは挑戦し続けなければなりません。私は、ゆくゆくは自分が数えきれないほどの無名の宇宙飛行士の一人になれればいいなあと思っています。

# The Restaurant of Many Orders

ザ レストラン アブ メニ オーダズ                                注文の多い料理店

ENJOY
READING!
**4**

狩りに出かけた2人の若い紳士が、山奥で道に迷ったときに見つけた立派な
レストラン。空腹の彼らが入ると、そこには…。詩人で童話作家の宮沢賢治
(1896〜1933) による、不可思議な物語。

## テキストを読んでみよう①                                教科書p.122

Two young men were hunting in the countryside. ↘ // They wore
ハンティング
uniforms and held guns. ↘// They had a professional guide and two
large white hunting dogs that looked like polar bears. ↘//

"We have seen no birds or animals," said one man. ↘//

"I want to get a deer," said the other. ↘// "That would be fun!" ↘//

They were in the depths of the mountains. ↘ // Soon the men
couldn't see their guide. ↘ // Then their hunting dogs became sick
and fell to the ground. ↘//

"Those dogs cost a fortune — and we haven't shot anything!"
コースト     フォーチュン
complained the first man. ↘//

"It's getting cold and I'm hungry. ↘// Let's go home," grumbled the
グランブルド
other. ↘//

They turned and headed home leaving the dogs behind. ↘ // But
the path was confusing and soon they were lost. ↘//
パス     コンフューズィング

"Where are we?" asked the first man. ↘//

199

"I have no idea," answered the second. ↘// "We're walking around in circles." ↘//

Suddenly a strong wind blew. ↘// The tree branches swayed and
ブルー　　　　　　　　　　　　　　　ブランチィズ　スウェイド
an elegant brick building appeared. ↘//
ブリク

**▌Two young men were hunting in the countryside.**
**▌「2人の若い男性が田舎で狩りをしていました」**
　　　hunt [ハント] 動「狩りをする」

**▌They wore uniforms and held guns.**
**▌「彼らは軍服を着て銃を持っていました」**
　　　uniform「軍服」

**▌They had a professional guide and two large white hunting**
**▌dogs that looked like polar bears.**
**▌「彼らは専門の案内人と、ホッキョクグマのような2匹の大きな白い猟犬を連**
**▌れていました」**
　　　hunting dog「猟犬」　　polar bear「ホッキョクグマ」

**▌They were in the depths of the mountains.**
**▌「彼らは山の奥にいました」**
　　　in the depths of ～「～の奥に」

**▌Then their hunting dogs became sick and fell to the ground.**
**▌「そのとき、彼らの猟犬は具合が悪くなり、地面に倒れました」**
　　　fall to ～「～に倒れる」

**▌"Those dogs cost a fortune — and we haven't shot anything!"**
**▌complained the first man.**
**▌「『この犬は高価だったんだ―そして私たちは何も仕留めていない！』と最初の**
**▌男性が不平を言いました」**
　　　cost [コースト] 動「(金が) かかる」　　fortune [フォーチュン] 名「大金」

200

**Let's go home," grumbled the other.**
「『帰ろう』ともう1人がぶつぶつ言いました」
　　grumble [グランブル] 動「ぶつぶつ言う」

**But the path was confusing and soon they were lost.**
「しかし、小道はややこしく、彼らはすぐに道に迷いました」
　　path [パス] 名「小道」　　confusing [コンフュ−ズィング] 形「混乱させる」

**"I have no idea," answered the second.**
「『まったくわからない』と2番目の男性が答えました」
　　have no idea「まったくわからない」

**"We're walking around in circles."**
「『私たちは同じところをぐるぐる歩き回っているんだ』」
　　walk around in circles「同じところをぐるぐる歩き回る」

**Suddenly a strong wind blew.**
「突然、強い風が吹きました」
　　blew [ブル−] 動「blow（吹く）の過去形」

**The tree branches swayed and an elegant brick building appeared.**
「木の枝が揺れ動いて、上品なれんが造りの建物が現れました」
　　branch [ブランチ] 名「枝」　　sway [スウェイ] 動「揺れ動く」
　　brick [ブリク] 名「れんが」

和訳

　2人の若い男性が田舎で狩りをしていました。彼らは軍服を着て銃を持っていました。彼らは専門の案内人と、ホッキョクグマのような2匹の大きな白い猟犬を連れていました。
　「鳥も動物もいないじゃないか」と1人の男性が言いました。
　「シカを狩りたいな」ともう1人が言いました。「それは楽しいだろう！」
　彼らは山の奥にいました。まもなく、男性たちは案内人を見失いました。そのとき、彼らの猟犬は具合が悪くなり、地面に倒れました。
　「この犬は高価だったんだ―そして私たちは何も仕留めていない！」と最初の男性が不平を言いました。
　「寒くなってきたぞ、それにお腹がすいた。帰ろう」ともう1人がぶつぶつ

言いました。

　彼らは向きを変え、犬たちを残して帰路に着きました。しかし、小道はややこしく、彼らはすぐに道に迷いました。

　「ここはどこだ？」と最初の男性がたずねました。

　「まったくわからない」と2番目の男性が答えました。「私たちは同じところをぐるぐる歩き回っているんだ」

　突然、強い風が吹きました。木の枝が揺れ動いて、上品なれんが造りの建物が現れました。

## テキストを読んでみよう②　　　　　　　　　　　　　　教科書 p.123

"Look!" shouted the first man over the wind, "Maybe we can get something to eat." ↘//

At the entrance was a sign. ↘//

RESTAURANT WILDCAT ↘//
ワイルドキャト

A restaurant in the middle of the forest? ↗// What luck! ↘// They found a glass door in the entrance with a sign in gold letters. ↘//

PLEASE COME IN. ↘// DO NOT HESITATE. ↘//

They pushed open the glass door and discovered a long corridor
コーリダ
before them. ↘// They followed it and found another sign in yellow on a blue door. ↘//

OUR RESTAURANT HAS MANY ORDERS. ↘// PLEASE BE PATIENT. ↘//
ペイシェント
"Many orders? ↗ // This place must be popular!" the first man said. ↘// The second man replied, "Imagine finding such a wonderful

restaurant!" ↘//

They strolled to the end of the entrance hall and found another

door. ↘// Next to this door, there was a mirror and a long-handled
ローングハンドルド

brush. ↘// On the door was a sign in crimson letters. ↘//
クリムゾン

PLEASE CLEAN YOUR BOOTS AND COMB YOUR HAIR. ↘//

"Clean our boots? ↗ // Comb our hair?" complained the second

man. ↘//

**"Look!" shouted the first man over the wind, "Maybe we can get something to eat."**
**『『見ろ！』 最初の男性が風に負けないように大声で叫びました、『何か食べるものが手に入るかもしれん』』**
　shout over the wind「風に負けないように大声で叫ぶ」

**RESTAURANT WILDCAT**
**『『西洋料理店　山猫軒』』**
　wildcat [ワイルドキャト] 名「ヤマネコ」

**They pushed open the glass door and discovered a long corridor before them.**
**『彼らはガラスのドアを押し開け、目の前に長い廊下があるのを見つけました』**
　push open ～「～を押し開ける」　corridor [コーリダ] 名「廊下」

**OUR RESTAURANT HAS MANY ORDERS. PLEASE BE PATIENT.**
**『『当店は注文の多いレストランです。ご了承ください』』**
　patient [ペイシェント] 形「我慢強い」

**The second man replied, "Imagine finding such a wonderful restaurant!"**
「2番目の男性が返事をしました、『こんな素敵なレストランが見つかるなんて考えてもみなよ』」

Imagine ～ing「～するなんて考えてもみなよ」

**They strolled to the end of the entrance hall and found another door.**
「彼らは玄関ホールの奥までぶらぶら歩き、また別のドアを見つけました」

stroll [ストロウル] 動「ぶらぶら歩く」

**Next to this door, there was a mirror and a long-handled brush.**
「このドアの隣に、鏡と長い柄のついたブラシがありました」

next to ～「～の隣に」　　long-handled [ローングハンドルド] 形「長い持ち手の」

**On the door was a sign in crimson letters.**
「ドアには真っ赤な文字の注意書きがありました」

crimson [クリムゾン] 形「真っ赤な」

「見ろ！」　最初の男性が風に負けないように大声で叫びました、「何か食べるものが手に入るかもしれん」　入口に表札がありました。

『西洋料理店　山猫軒』　山林の真ん中にレストラン？　なんて運がいいんだ！彼らは入り口に、金色の文字で書かれた注意書きがあるガラスのドアを見つけました。

『どうぞお入りください。ご遠慮はいりません』　彼らはガラスのドアを押し開け、目の前に長い廊下があるのを見つけました。彼らはそれを進み、青いドアに黄色い文字で書かれた別の表示があるのを見つけました。

「当店は注文の多いレストランです。ご了承ください」「注文が多い？　ここは人気のある店に違いない！」と最初の男性が言いました。2番目の男性が返事をしました、「こんな素敵なレストランが見つかるなんて考えてもみなよ」

彼らは玄関ホールの奥までぶらぶら歩き、また別のドアを見つけました。このドアの隣に、鏡と長い柄のついたブラシがありました。ドアには真っ赤な文字の注意書きがありました。『はき物をきれいにして、髪をとかしてください』「ブーツをきれいにするのか？　髪をとかすだって？」と2番目の男性が不平を言いました。

"This restaurant does seem fancy. ↘ // I think we should obey,"
ファンスィ オウベイ

said the first man. ↘//

Both men cleaned their boots and combed their hair. ↘ // They

looked much nicer. ↘ // But as they put down the brush, the wind

outside blew again and — *whoosh* — the brush vanished! ↘//
(フ) ウーシュ ヴァニシュト

"What ... ?!" ↗// The two men were frightened. ↘// Clutching each
フライトンド クラチング

other, they opened the door with a bang. ↘ // On the back of the
バング

door, they found another sign. ↘//

PLEASE LEAVE YOUR GUNS AND BULLETS HERE. ↘//
ブレツ

Beside the sign was a gun rack. ↘ // The two men were very

hungry. ↘// They quickly obeyed the sign, forgetting their fear. ↘//

They put their guns and cartridge belts on the rack. ↘ // Turning
カートリヂ

around, they spotted a black door with another sign. ↘//

WE POLITELY ASK YOU TO REMOVE YOUR HATS, COATS
ポライトリ

AND BOOTS. ↘//

"What should we do?" asked the first man. ↘//

"We have no choice," said the second man. ↘ // They quickly

removed their things and hung their hats and coats on the hooks. ↘//
ハング フクス

Then they shuffled through the open door in their socks. ↘// On the
　　　　　シャフルド

back of the door, they noticed another message. ↘//

PLEASE REMOVE YOUR TIE-PINS, CUFF LINKS, GLASSES, WALLETS
　　　　　　　　　　　　　タイピンズ　　カフ　リンクス

AND ANYTHING METAL, ESPECIALLY POINTED THINGS. ↘//
　　　　　　　メトル　　　　　　　　　　ポインテド

▌**"This restaurant does seem fancy.**
▌「『このレストランは極上の店のようだ』」

　　fancy [ファンスィ] 形「高級な」

▌**I think we should obey," said the first man.**
▌「『私たちは従うべきだと思う』と最初の男性が言いました」

　　obey [オウベイ] 動「従う」

▌**But as they put down the brush, the wind outside blew again**
▌**and — *whoosh* — the brush vanished!**
▌「しかし彼らがブラシを置いたとき、外で再び風が―ヒューと吹き―ブラシが
▌消えたのです！」

　　whoosh [(フ)ウーシュ] 名「ヒューという音」　　vanish [ヴァニシュ] 動「消える」

▌**"What ... ?!" The two men were frightened.**
▌「『何だ…?!』 2人の男性はおびえました」

　　frightened [フライトンド] 形「おびえた」

▌**Clutching each other, they opened the door with a bang.**
▌「互いにしがみつきながら、彼らはバタンとドアを開けました」

　　clutching each other「互いにしがみつきながら」
　　clutch [クラチ] 動「～をぐいとつかむ」　　with a bang「バタンと」

▌**PLEASE LEAVE YOUR GUNS AND BULLETS HERE.**
▌「『銃と弾をここに置いてください』」

　　bullet [ブレト] 名「弾丸」

**Beside the sign was a gun rack.**
「注意書きの脇に銃掛がありました」
　　gun rack「銃掛」


**They put their guns and cartridge belts on the rack.**
「彼らは銃と弾薬ベルトを銃掛に掛けました」
　　cartridge belt「弾薬ベルト」


**WE POLITELY ASK YOU TO REMOVE YOUR HATS, COATS
AND BOOTS.**
「『どうか、帽子とコートとブーツを脱いでください』」
　　politely [ポライトリ] 副「丁寧に」


**They quickly removed their things and hung their hats and
coats on the hooks.**
「彼らはすばやくそれらを脱いで、帽子とコートをフックに掛けました」
　　hung [ハング] 動「hang (〜を掛ける) の過去・過去分詞形」
　　hook [フク] 名「フック」


**Then they shuffled through the open door in their socks.**
「そして彼らは靴下のままで、足を引きずって開いたドアを通り抜けました」
　　shuffle [シャフル] 動「足を引きずって歩く」


**PLEASE REMOVE YOUR TIE-PINS, CUFF LINKS, GLASSES,
WALLETS AND ANYTHING METAL, ESPECIALLY POINTED
THINGS.**
「『ネクタイピン、カフスボタン、めがね、財布、そして金属性のものは何でも、
特に先のとがったものをお取りください』」
　　tie-pin [タイピン] 名「ネクタイピン」　　cuff links [カフ リンクス] 名「カフスボタン」
　　metal [メトル] 名「金属」　　pointed [ポインテド] 形「先のとがった」

和訳

　「このレストランは極上の店のようだ。私たちは従うべきだと思う」と最初
の男性が言いました。
　男性は2人ともブーツの汚れを落とし、髪をとかしました。彼らはより立派
に見えました。しかし彼らがブラシを置いたとき、外で再び風が―ヒューと
吹き―ブラシが消えたのです！

「何だ…?!」 2人の男性はおびえました。互いにしがみつきながら、彼らはバタンとドアを開けました。ドアの後ろ側に、また別の注意書きがありました。

『銃と弾をここに置いてください』 注意書きの脇に銃掛がありました。2人の男性はとてもおなかがすいていました。彼らは恐怖を忘れて、すばやく注意書きに従いました。彼らは銃と弾薬ベルトを銃掛に掛けました。振り向くと、彼らは別の注意書きのある黒いドアを見つけました。

『どうか、帽子とコートとブーツを脱いでください』

「どうしよう?」と最初の男性がたずねました。

「しかたがないさ」と2番目の男性が言いました。彼らはすばやくそれらを脱いで、帽子とコートをフックに掛けました。そして彼らは靴下のままで、足を引きずって開いたドアを通り抜けました。ドアの裏側に彼らは別のメッセージがあることに彼らは気づきました。

『ネクタイピン、カフスボタン、めがね、財布、そして金属性のものは何でも、特に先のとがったものをお取りください』

## テキストを読んでみよう④　　　教科書p.125

Nearby was a safe with the door open and a key. ↘// "I suppose
ニアバイ　　　　　　　　　　　　　　　　　　　　　　　　　サポウズ

they're worried about the electricity used for cooking," said the first

man. ↘//

"You're probably right," said the second man nervously. ↘// "But we

have to leave our wallets. ↘// I guess we pay here when we go." ↘//

The men removed their metal accessories and wallets. ↘// They put

everything into the safe and locked it. ↘//

The two men walked on and reached another door with a jar

beside it. ↘// They found a new sign on the door. ↘//

PLEASE SPREAD CREAM ALL OVER YOUR FACE, HANDS

AND FEET. ↘//

"Why do they want us to put cream on?" asked the first man. ↘//

"I think I know," said the second man. ↘ // "It's because the
weather outside is chilly and they don't want us to get rough skin. ↘//
<sub>ラフ</sub>
How thoughtful!" ↘// He took the jar and began to spread the cream
<sub>ソートフル</sub>
all over his face and limbs. ↘// The other man was extremely hungry
<sub>リムズ</sub>
and imitated his friend. ↘ // They even took their socks off and put
<sub>イミテイティド</sub>
cream on their feet. ↘// Then they opened the door and entered a
new room. ↘ // Closing the door, they noticed another sign with a
smaller jar of cream beside it. ↘//

### 語句・文の研究

**Nearby was a safe with the door open and a key.**
**「近くに扉が開いたままの金庫と鍵がありました」**
　　nearby [ニアバイ] 圓「近くに」　　safe「金庫」
　　with the door open「戸が開いたままの」

**"I suppose they're worried about the electricity used for**
**cooking," said the first man.**
**「『料理に使われる電気を気にしているのだろう』と最初の男性が言いました」**
　　suppose [サポウズ] 働「～と思う」

**"It's because the weather outside is chilly and they don't**
**want us to get rough skin.**
**「『外気がひえびえしているので、私たちに肌荒れを起こしてほしくないんだよ』」**
　　rough skin「肌荒れ」　　rough [ラフ] 圏「荒れた」

## How thoughtful!"
『『なんて思いやりがあるんだ！』』

　　thoughtful [ソートフル] 形「思いやりがある」

## He took the jar and began to spread the cream all over his face and limbs.
「彼はつぼを手に取って、クリームを顔と手足全体に塗り広げ始めました」

　　limb [リム] 名「手足」

## The other man was extremely hungry and imitated his friend.
「もう１人の男性はとてもおなかがすいており、友人にならいました」

　　imitate [イミテイト] 動「～をまねる」

和訳

　近くに扉が開いたままの金庫と鍵がありました。「料理に使われる電気を気にしているのだろう」と最初の男性が言いました。
　「おそらくきみの言う通りだろう」と２番目の男性がびくびくして言いました。「でも私たちは財布を置いていかなければならないね。行くときにここで支払うのだろうか」 男性たちは金属製のアクセサリーを外して財布を出しました。彼らはすべてのものを金庫に入れて鍵をかけました。
　２人の男性は歩き続け、脇につぼが置いてある別のドアにたどり着きました。ドアには新しい注意書きがありました。
　『あなたの顔、手、足全体にクリームを塗り広げてください』
　「なぜ彼らは私たちにクリームを塗ってほしいんだ？」と最初の男性がたずねました。「わかるような気がする」と２番目の男性が言いました。「外気がひえびえしているので、私たちに肌荒れを起こしてほしくないんだよ。なんて思いやりがあるんだ！」 彼はつぼを手に取って、クリームを顔と手足全体に塗り広げ始めました。もう１人の男性はとてもおなかがすいており、友人にならいました。彼らは靴下さえ脱いで、足にクリームを塗りました。そしてドアを開けて新しい部屋へ入りました。ドアを閉めながら、彼らは別の注意書きと、その脇のより小さなクリームのつぼに気がつきました。

テキストを読んでみよう⑤　　　　　　　　　　　　　　教科書p.126

DID YOU PUT CREAM ON YOUR EARS, TOO? ♪//

The first man said, "Oh! I forgot to do my ears. ↘ // They might

become chapped." ↘//
チャプト

"The owner of this restaurant is really thoughtful," the second man

agreed. ↘ // They both applied more cream to their ears as they
アプライド

thought about the delicious dishes they would soon eat. ↘//

"I can't believe there are so many long corridors. ↘// I wonder if

we'll ever have dinner?" ↘// complained the first man. ↘// Just as he

spoke, they reached another door with a sign and an elegant bottle

beside it. ↘//

THE MEAL IS ALMOST READY. ↘// BUT FIRST, PLEASE DAB
ダブ

ON SOME COLOGNE. ↘//
コロウン

They splashed the cologne on their cheeks and necks. ↘// Then

they noticed that it smelled sour, almost like vinegar. ↘//
ヴィニガ

"I think the staff put the wrong cologne in this bottle. ↘// It stinks
スティンクス

like vinegar," said the first man as he pushed open another door

and found *another* sign. ↘//

WE APOLOGIZE FOR SO MANY ORDERS, BUT YOU'RE

ALMOST DONE. ↘//

PLEASE TAKE SOME SALT FROM THE POT AND RUB IT ALL
ラブ

OVER. ↘//

A blue pot sat next to the sign, but this time the men didn't

move. ↘ // Rub salt all over? ↗ // They stared at each other with

puzzled expressions. ↘ // Their faces were covered in cream and

*パズルド*

they smelled of vinegar. ↘//

語句・文の研究

**I forgot to do my ears.**
**「私は耳にクリームを塗るのを忘れていた」**
　　do one's ears 「耳にクリームを塗る」

**They might become chapped."**
**「『それら (耳) が荒れるかもしれないな』」**
　　chapped [チャプト] 形「(肌・唇が) 荒れた」

**They both applied more cream to their ears as they thought**
**about the delicious dishes they would soon eat.**
**「彼らは2人とも、まもなく食べるおいしい料理のことを考えながら耳により**
**多くのクリームを塗りました」**
　　apply [アプライ] 動「〜を塗る」　　apply「〜を塗る」

**THE MEAL IS ALMOST READY. BUT FIRST, PLEASE DAB ON**
**SOME COLOGNE.**
**「『まもなく食事の準備ができます。でもその前に、オーデコロンをさっと塗っ**
**てください』」**
　　dab [ダブ] 動「〜をさっと塗る」
　　cologne [コロウン] 名「オーデコロン」(香りのする化粧水)

**Then they noticed that it smelled sour, almost like vinegar.**
**「そのとき彼らは、それがすっぱい、酢のようなにおいがすることに気づきました」**
　　vinegar [ヴィニガ] 名「酢」

**It stinks like vinegar," said the first man as he pushed open**
**another door and found *another* sign.**

▎「『酢のようなにおいがする』と最初の男性がもう1つのドアを押し開けながら
▎言い、また別の注意書きを見つけました」
　　stink [スティンク] 動「におう」

▎**PLEASE TAKE SOME SALT FROM THE POT AND RUB IT ALL
▎OVER.**
▎「つぼから塩を取って、いたるところにすり込んでください」
　　rub [ラブ] 動「〜をすり込む」　　all over「いたるところに」

▎**A blue pot sat next to the sign, but this time the men didn't
▎move.**
▎「注意書きの脇に青いつぼが置いてありましたが、今回は男性たちは動きませ
▎んでした」
　　sit「(〜に) ある」

▎**They stared at each other with puzzled expressions.**
▎「彼らは困惑した表情で互いにじっと見つめあいました」
　　puzzled [パズルド] 形「困惑した」

和訳

『耳にもクリームを塗りましたか』
　最初の男性が言いました、「おお！ 私は耳に塗るのを忘れていた。それら(耳)
が荒れるかもしれないな」
　「このレストランのオーナーは実に思いやりがある」と2番目の男性が言い
ました。彼らは2人とも、まもなく食べるおいしい料理のことを考えながら耳
により多くのクリームを塗りました。
　「長い廊下がこんなにたくさんあるなんて信じられないな。ちゃんと夕食に
ありつけるのだろうか」と最初の男性が不平を言いました。彼が話したちょ
うどそのとき、彼らは注意書きのある別のドアのところに着き、脇には上品
なびんが置いてありました。
　『まもなく食事の準備ができます。でもその前に、オーデコロンをさっと塗っ
てください』 彼らはほおと首にオーデコロンをはねかけました。そのとき彼
らは、それがすっぱい、酢のようなにおいがすることに気づきました。「従業
員が間違ったコロンをびんに入れたのだろう。酢のようなにおいがする」と
最初の男性がもう1つのドアを押し開けながら言い、また別の注意書きを見つ
けました。

『注文がとても多くて申し訳ございません、でもほぼ完了です。つぼから塩を取って、いたるところにすり込んでください』
　注意書きの脇に青いつぼが置いてありましたが、今回は男性たちは動きませんでした。いたるところに塩をすり込むだって？　彼らは困惑した表情で互いにじっと見つめあいました。彼らの顔はクリームで覆われ、酢のにおいがしました。

## テキストを読んでみよう⑥

教科書p.127

"I don't like the look of this," said the first man nervously. ↘//

"Neither do I," said the second man. ↘ // "This is suspicious. ↘ //
ニーザ　　　　　　　　　　　　　　　　　　　　　　　　　サスピシャス
They're not taking our order. ↘// They're *giving* us orders. ↘// They're

not serving food. ↘// I think they're serving ... *us*!" ↘//

The men began to shiver in fear. ↘//

"Let's get out!" shouted the second man. ↘// He pushed the door

behind him but it didn't move. ↘//

Then the first man screamed, "Look!" ↘ // He was pointing at
スクリームド
another door. ↘// This one had a knife and fork carved on it with two
カーヴド
keyholes and a new sign. ↘//

WE'RE DELIGHTED TO SEE YOU. ↘// JUST COME INSIDE
ディライテド
THEN DINNER WILL BE SERVED. ↘//

And looking out of the holes were two big blue eyeballs! ↘ //

Terrified, both men burst into tears. ↘// Then they heard someone
バースト

214

whispering on the other side of the door. ↘//
(ホ) **ウィ**スパリング

"They're not rubbing on the salt. ↘// I think they've figured it out,"

said an irritated voice. ↘//
**イ**リテイテド

"It's that ridiculous sign the boss made, 'WE APOLOGIZE FOR
リ**ディ**キュラス　　　　　　**ボ**ース

SO MANY ORDERS.' ↘ // I told you it would give us away," said

another. ↘//

**"I don't like the look of this," said the first man nervously.**
**「『どうもこの様子は気に入らないな』と最初の男性がびくびくして言いました」**
　I don't like the look of this. 「どうもこの様子は気に入らない」

**"Neither do I," said the second man.**
**「『私も気に入らない』と2番目の男性が言いました」**
　Neither do I. 「私も〜でない」

**"This is suspicious.**
**「『これはあやしい』」**
　suspicious [サス**ピ**シャス] 形 「あやしい」

**Then the first man screamed, "Look!"**
**「すると最初の男性が悲鳴をあげました、『見たまえ！』」**
　scream [スク**リ**ーム] 動 「悲鳴をあげる」

**This one had a knife and fork carved on it with two keyholes**
**and a new sign.**
**「これには2つの鍵穴と新しい注意書きと共に、ナイフとフォークが彫刻され**
**ていました」**
　carve [**カ**ーヴ] 動 「〜を彫刻する」

## WE'RE DELIGHTED TO SEE YOU. JUST COME INSIDE
「『私たちはあなた方にお会いできて喜んでいます。中へお入りください』」

　　delighted [ディライテド] 形「喜んでいる」

## Terrified, both men burst into tears.
「こわがって、両方の男性はわっと泣き出しました」

　　burst into tears「わっと泣き出す」
　　burst [バースト] 動「burst（爆発する）の過去・過去分詞形」

## Then they heard someone whispering on the other side of the door.
「そのとき、彼らはだれかがドアの反対側でささやいているのを聞きました」

　　whisper [(ホ)ウィスパ] 動「ささやく」

## I think they've figured it out," said an irritated voice.
「『あいつらは状況を理解したんだ』といらいらした声が言いました」

　　figure ~ out「~（事態など）を把握する」　　irritated [イリテイテド] 形「いらいらした」

## "It's that ridiculous sign the boss made, 'WE APOLOGIZE FOR SO MANY ORDERS.'
「『親分が作ったあのばかげた注意書き、'WE APOLOGIZE FOR SO MANY ORDERS.'（注文がとても多くて申し訳ございません）のせいだ』」

　　ridiculous [リディキュラス] 形「ばかげた」　　boss [ボース] 名「ボス、親分」

## I told you it would give us away," said another.
「『それでぼくたちの正体がわかってしまうって言っただろう』と、もう1つの声が言いました」

　　it would give us away「それで私たちの正体がわかってしまう」

和訳

　「どうもこの様子は気に入らないな」と最初の男性がびくびくして言いました。
　「私も気に入らない」と2番目の男性が言いました。「これはあやしい。彼らは私たちの注文をとっているのではない。私たちに注文しているのだ。彼らは食事を出すのではない。食事なのはたぶん…私たちだ！」
　彼らは恐怖でふるえ始めました。
　「出よう！」と2番目の男性が叫びました。彼は後ろ手にドアを押しましたが、

それは動きませんでした。

　すると最初の男性が悲鳴をあげました、「見たまえ！」彼は別のドアをさし示していました。このドアには2つの鍵穴と新しい注意書きがあって、ナイフとフォークが彫刻されていました。

　『私たちはあなた方にお会いできて喜んでいます。中へお入りください、すぐにディナーができます』

　そして二つの大きな青い目玉が穴からのぞいていました。こわがって、両方の男性はわっと泣き出しました。そのとき、彼らはだれかがドアの反対側でささやいているのを聞きました。

　「あいつらは塩をすり込んでいない。あいつらは状況を理解したんだ」といらいらした声が言いました。

　「親分が作ったあのばかげた注意書き、'WE APOLOGIZE FOR SO MANY ORDERS.'（注文がとても多くて申し訳ございません）のせいだ。それでぼくたちの正体がわかってしまうって言っただろう」ともう1つの声が言いました。

## テキストを読んでみよう⑦　　　　　　　　　教科書p.128

"Who cares? ↘ // Whatever happens, we won't even get the
(ホ) ワテヴァ
bones," complained the first voice. ↘//

"But it's our job to get them in here," said the other voice angrily. ↘//

"Let's call them." ↘ // His voice became sweet as he whispered,

"Gentlemen, this way, please! ↘ // Everything is ready. ↘ // The
チェントルメン
vegetables are arranged. ↘// Time for you to lie on the snowy white
アレインヂド
plates we've prepared." ↘//

The two men were horrified! ↘ // Their faces were pale and felt
ホーリファイド　　　　　　　　　　　　　　　　　　　ペイル
crumpled like wastepaper. ↘// They cried and cried. ↘//
クランプルド　　　ウェイストペイパ
The second voice whispered again. ↘// "Don't be afraid." ↘// Then

it shouted, "Stop crying, or you'll wash off the cream. ↘// Come in now !" ↘//

Suddenly, the other voice apologized loudly, "Coming, sir. ↘// We'll
ラウドリ
bring it immediately," then said, "The boss is waiting with his knife

and fork, licking his lips. ↘// And his napkin is tucked in." ↘//
ナプキン          タクト
This was too much! ↘// Both men wailed even louder. ↘//
ウェイルド

## 語句・文の研究

**"Who cares?**
**「『知ったものか』」**
　　Who cares? 「知ったものか」

**Whatever happens, we won't even get the bones,"
complained the first voice.**
**「『何が起ころうと、ぼくたちは骨さえもらえないんだ』と最初の声が不満を言いました」**
　　whatever [(ホ) ワテヴァ] 代 「何が～しようと」

**"But it's our job to get them in here," said the other voice
angrily.**
**「『しかし、あいつらをこの中へ入れるのがぼくたちの仕事だぜ』ともう1つの
声が怒って言いました」**
　　get ～ in 「(室内に) ～を入れる」

**"Gentlemen, this way, please!**
**「『お客さん方、こちらへどうぞ！』」**
　　gentlemen [チェントルメン] 名 「gentleman (紳士) の複数形」

**The vegetables are arranged.**
**「『野菜を準備してあります』」**
　　arrange [アレインヂ] 動 「～を準備する」

## The two men were horrified!
**「2人の男性はぞっとしました！」**

> horrified [ホーリファイド] 形「ぞっとして」

## Their faces were pale and felt crumpled like wastepaper.
**「彼らの顔は青ざめ、紙くずのようにしわくちゃな感じがしました」**

> pale [ペイル] 形「青ざめた」　　crumpled [クランプルド] 形「しわくちゃの」
> wastepaper [ウェイストペイパ] 名「紙くず」

## Then it shouted, "Stop crying, or you'll wash off the cream.
**「そして叫びました、『泣くのはやめて、さもないとクリームを流してしまいます』」**

> or you'll wash off the cream「さもないとクリームを流してしまう」

## Suddenly, the other voice apologized loudly,
**「突然、もう1つの声が大声で謝りました」**

> loudly [ラウドリ] 副「大声で」

## "Coming, sir.
**「『ただいま参ります』」**

> Coming, sir.「ただいま参ります」

## And his napkin is tucked in."
**「『もうナプキンをかけています』」**

> napkin [ナプキン] 名「ナプキン」　　tuck [タク] 動「〜をはさみ込む」

## This was too much!
**「もうたくさんだ！」**

> This is too much!「もうたくさんだ！」

## Both men wailed even louder.
**「どちらの男性もいっそう声を上げて泣きました」**

> wail [ウェイル] 動「声をあげて泣く」

和訳

「知ったものか。何が起ころうと、ぼくたちは骨さえもらえないんだ」と最初の声が不満を言いました。

「しかし、あいつらをこの中へ入れるのがぼくたちの仕事だぜ」ともう1つの声が怒って言いました。「あいつらを呼ぼう」 彼の声はささやくにつれ甘くなっていきました。「お客さん方、こちらへどうぞ！ すべて用意が整いました。野菜を準備してあります。あとは私たちが準備した真っ白なお皿にあなたたちをのせるだけです」

2人の男性はぞっとしました！ 彼らの顔は青ざめ、紙くずのようにしわくちゃな感じがしました。彼らは号泣しました。

2番目の声がまたささやきました。「怖がらないで」 そして叫びました、「泣くのはやめて、さもないとクリームを流してしまいます。さあ早くいらっしゃい！」

突然、もう1つの声が大声で謝りました。「ただいま参ります。すぐにお持ち致します」 そして言いました、「親分がナイフとフォークを持って、舌なめずりをしながらお待ちです。もうナプキンをかけています」

もうたくさんだ！ どちらの男性もいっそう声を上げて泣きました。

## テキストを読んでみよう⑧

All at once, there was loud barking and the two white dogs that
バーキング
looked like polar bears bounded into the room! ↘// The blue eyes

looking out from the holes disappeared as the dogs jumped forward

and crashed through the door. ↘// There was growling, hissing and
クラッシュト　　　　　　　　　　　　グラウリング　ヒスィング
barking, then the men heard a cat-like meow. ↘// Suddenly silence
　　　　　　　　　　　　　　　　　キャトライク　ミアウ
followed. ↘//

The two men found themselves in tall grass with a cold wind

blowing. ↘// Their coats and boots, wallets, cuff links and tie-pins

were all over, hanging from tree branches. ↘// The brick building

was gone, while the two dogs seemed healthy again. ↘//

"Gentlemen! Gentlemen!" ↘ // It was the voice of their guide

shouting behind them. ↘// Finally! ↘// They felt safe. ↘//

Limping back to the city, the tired men bought some pheasants,
リンピング                                          フェザンツ

"trophies" from their hunting trip. ↘//

Back home, no matter how hard they scrubbed, the crumpled skin
スクラブド

of their faces never felt normal again. ↘//
ノーマル

### 語句・文の研究

**All at once, there was loud barking and the two white dogs that looked like polar bears bounded into the room!**
「突然、大きなほえ声がして、ホッキョクグマのような2匹の白い犬が部屋に飛び込んできました！」

> all at once「突然に」　　bark [バーク] 動「ほえる」」

**The blue eyes looking out from the holes disappeared as the dogs jumped forward and crashed through the door.**
「犬が飛び跳ねてドアから突進していくと、鍵穴からのぞいていた青い目が消えました」

> crash [クラシュ] 動「突進する」

**There was growling, hissing and barking, then the men heard a cat-like meow.**
「うなり声、シューという音、そしてほえ声がして、男性たちは猫がニャーというような声を聞きました」

> growl [グラウル] 動「うなる」　　hiss [ヒス] 動「シューと音を発する」
> cat-like [キャトライク] 形「猫のような」　　meow [ミアウ] 名「ニャー (猫の鳴き声)」

**The two men found themselves in tall grass with a cold wind blowing.**
「気がつくと冷たい風が吹いていて、2人の男性は、背の高い草の中にいました」

find oneself in ～「気がつくと自分が～にいる」
with a cold wind blowing「冷たい風が吹いている」

## Finally! They felt safe.
**「やっとのことです！　彼らは安心できました」**
Finally!「やっとだ！、ついに～だ！」

## Limping back to the city, the tired men bought some pheasants, "trophies" from their hunting trip.
**「足を引きずって町へ戻る途中で、疲れた男性たちは狩猟旅行の『戦利品』のキジを買いました」**
limp [リンプ] 動「足を引きずって歩く」　　pheasant [フェザント] 名「キジ」

## Back home, no matter how hard they scrubbed, the crumpled skin of their faces never felt normal again.
**「家に戻ると、どんなに一生懸命にごしごしこすっても、彼らのしわくちゃの顔は二度とふつうの感じになりませんでした」**
back home「家に戻ると」　　scrub [スクラブ] 動「ごしごしこする」
normal [ノーマル] 形「ふつうの」

和訳

　突然、大きなほえ声がして、ホッキョクグマのような2匹の白い犬が部屋に飛び込んできました！　犬が飛び跳ねてドアから突進していくと、鍵穴からのぞいていた青い目が消えました。うなり声、シューという音、そしてほえ声がして、男性たちは猫がニャーというような声を聞きました。突然静かになりました。

　気がつくと冷たい風が吹いていて、2人の男性は、背の高い草の中にいました。彼らのコート、ブーツ、財布、カフスボタンそしてネクタイピンはあちこちの木の枝にぶら下がっていました。れんが造りの建物は消え、その一方で2匹の犬はまた元気になったようでした。

　「だんな様！　だんな様方！」　それは、彼らの後方で叫んでいる案内人の声でした。やっとのことです！　彼らは安心できました。

　足を引きずって町へ戻る途中で、疲れた男性たちは狩猟旅行の「戦利品」のキジを買いました。

　家に戻ると、どんなに一生懸命にごしごしこすっても、彼らのしわくちゃの顔は二度とふつうの感じになりませんでした。

A

三省堂版・ビスタ　E. C. II